KB169908

왜 나는 너와 헤어지는가

왜 나는 너와 헤어지는가

—— 낭만적 사랑과 결혼이라는 환상에 대하여 ——

켈리 마리아 코르더키 지음 | 손영인 옮김

오아시스
Oasis

내가 품은 나를 위한 꿈은

우리를 위한 꿈보다

크고, 시끄럽고, 강렬했다.

서른 살 때 나는 10년 가까이 함께 살아온 남자와 헤어졌다. 그런데 하필 그 후 6주 동안 결혼식을 네 군데나 참석해야 했다. 삶이 어쩌면 이토록 얄궂을 수 있을까. 친구들은 웨딩드레스를 입고 행복에 겨워 미소 짓는데, 일찍이 성공적인 연애로 부러움을 샀던 나는 그때부터 남자 없는 인생을 새로 시작해야 했으니 말이다. 혼자 살다 죽게 될지도 모르는 주제에 영원한 사랑을 축하하는 자리에서 밤새도록 마시고 춤을 췄으니, 남들 눈에 얼마나 우스꽝스러웠을까.

나는 건달, 게으름뱅이, 바람둥이, 머저리를 연달아 사귀다가 마침내는 이런 무리에 해당하지 않는 사랑스러운 남자를 만나 정착하는 친구들을 보며 20대를 보냈다. 그녀들과 달리 난 대학교 2학년 때 이미 상냥하고 똑똑한 상대를 만나 진지한 관계를 이루게 됐고, 10대 끝무렵부터 사실상 한 남자의 아내 같은 생활을 했다. 그러니까 남자를 사귀면서 이런저런 시행착오를 겪는 단계를 건너뛴 셈이다. 하지만 그 때문에 오히려 내게 어떤 일이 일어날지를 제대로 보지 못한 걸지도 모른다.

내 연애가 끝난 이유야 여러 가지를 들 수 있겠지만 애정이 부족해서는 아니었다. 정확히 손에 잡히지 않는 무언가가 나를 끊임없이 괴롭혔고, 그 실체를 알 수 없었기에 다른 사람에게 설명할 수도 없었다. 불행했지만 이유를 딱 꼬집어 개선을 요구할 수 없는 그 모호함은 점차 더는 무시할 수 없는 몸의 감각으로 쌓여갔다. 나는 내 행복의 가치를 인정하고, 행복을 성취하기 위해서는 희생이 필요하다는 걸 알게 됐다.

사실 헤어지기로 마음먹은 이유는 여러 가지였고 헤어지고 나서 돌이켜봤을 때도 매우 합당하다고 여겨졌다. 그중 하나가 타이밍, 그러니까 내가 살아가는 이 시대의 영향이다. 내가 품은 나를 위한 꿈은 우리를 위한 꿈보다 크고, 시끄럽고, 강렬했다. 그 '우리'에 전 애인이 포함되든, 앞으로 사귈지도 모르는 가상의 짝이 포함되든 간에 말이다. 난 결혼에 대한 확신이 없었고 아이를 갖는 일에는 더더욱 그랬다. 그래서 피임 장치를 자궁에 삽입했고 유효 기간이 끝나는 30대 중반이 되기 전까지는 빼지 않기로 마음먹었다. 무엇보다 난 하고 싶은 일이 너무나도 많았으며, 나의 온전한 정신은 수많은 창을 열어두라고 요구했다. 영원한 사랑이라는 덫은 날 불안하게 했다. 수년간은 젊음이라는 방패로 그 덫을 밀어냈지만, 어느 날 문득 이 정도로는 충분하지 않다는 생각이 들었다. 그래서 헤어지기로 마음먹었다.

만약 내가 한 세대라도 더 일찍 태어났다면 그 남자와 헤어지는 일은 없었을 것이다. 나보다 앞 세대의 여성 중에 자신이 원하는 삶을 산 사람은 없었다. 여성 스스로가 그런 삶을 받아들이기도 했지만, 애초에 선택권이 제한됐기 때문이다. 나는 돈이 많지도 않았고 전망이 좋은 직업을 가진 것도 아니었다. 그럼에도 본질적으로 삶이라는 것이 내가 스스로 꾸려나갈 모험이 될 수 있다는 생각을 부여잡고 있었다. 이 관점 때문에 내 마음이 일그러지고 잘못된 방향으로 흘러간다고 해도 그 관점은 멀리 치워두기에는 너무나도 소중했다. 내 가족 중에도, 그 사람의 가족 중에도 이런 날 이해해줄 사람은 아무도 없었다. 이해해주지 않아도 된다. 나는 미움받기로 마음먹었고, 과감히 이별을 고했다.

그렇지만 이별이 쉬웠던 것은 아니다. 이별의 여파로 최악의 나날을 보내던 그해 여름, 고향에 가기 위해 열차를 타러 나섰다. 밤이 됐는데도 7월의 더위는 숨이 막혔다. 나는 시체 같은 몸을 질질 끌고, 여름마다 찾아가는 부모님 댁으로 가는 중이었다. 내 고향 밀워키는 그곳에서 두 시간 정도 거리였고 아버지가 마중을 나오시기로 했다.

아버지께 전화를 걸어 언제쯤 도착할지를 알려드렸다. 수화기 너머로 들리는 아버지의 목소리는 나만큼이나 기운이 없었다. 아버지는 할아버지의 건강이 많이 안 좋아졌다고 하셨다. 할아버지의 기억력이 나빠졌고 심장은 더 나빠졌다. 아버지에게는 의지할 수 있는 형제 여섯과 34년간 함께 살아온 아내가 있었지만, 자기 아버지의 임박한 죽음은 누군가에게 의지할 수 있는 문제가 아니었다. 34년이 지나면 난 지금의 아버지 나이보다 다섯 살이 더 많을 것이다. 언젠가는 나도 아버지 같은 상황에 처하리라는 생각을 잠깐 했다.

애인과의 결별 소식을 듣고 아버지는 한숨을 내쉬었다. "사는 건 힘들단다. 특히 혼자면 더욱 그렇지." 아버지는 한마디 한마디 힘주어 말씀하셨다. 그리고 이렇게 덧붙이셨던 것 같다. "남은 평생 후회할 결정은 하지 마라." 아니, 어쩌면 이 말은 아버지의 속뜻을 짐작하여 내 머릿속에서 울린 건지도 모르겠다.

그렇다, 사는 건 힘이 드는 일이다. 내가 내린 것과 같은 결정 때문에 더 힘들어지기도 한다. 확실한 것으로부터 떠나겠다는 결정 말이다. 내가 미쳤지! 어쨌거나 가족이 토대가 되는 사회에서 혼자가 되겠다는 결정은 절대 평범한 게 아니다. 개인의 성장과 자아실현만을 우선순위에 둔다면 가족과 공동체를 고려하지 않게 되고, 그러면 오히려 그 결정이 자신의 이익에 방해가 되기도 한다. 매 순간 자신이 원하는 것에만 집착하게 될 테니까. 그런데도 나는 몇 달 동안 이별에 대해서만 생각했고, 입만 열면 그 얘기였고, 결국 이별했다.

오늘날 우리는 관계에서 벗어나 새롭게 시작할 자유가 있다. 하지만 자신의 행복을 추구하는 존재가 되고자 첫발을 내디디는 것이 자유라는 걸 인식조차 못 하는 사람이 많다. 무엇이 자신을 행복하게 하는지 모르겠다고? 그렇다면 행복해질 때까지 행복한 척하라. '성공할 때까지 성공한 척하라'라는 오늘날 흔한 주문처럼 말이다.

스스로 만들어나가는 인생이라는 이야기에서 관계 때문에 자신의 인생을 바꾼다는 것은 시대에 역행하는 일이다. 이제는 동거하다 헤어졌다고 해서 체포되거나 채용을 거부당하는 일도 거의 없다. 그러나 이 두 가지 일은 지난 세기까지만 해도 여성들에게 실제로 일어났던 일이다. 1970년대에 들어서고 나서야 이혼하기 위해 자신이 학대당했음을 증명하지 않아도 되었다. 그리고 지금은 애초에 결혼조차 반드시 하지 않아도 되며, 살면서 여러 번 연애하는 것을 당연하게 여기기도 한다.

그럼에도 우리는 의미 있는 인간관계를 맺기 위해 고심한다. 커플 셀카 사진을 페이스북 프로필 사진으로 올리고, 파파라치와 같은 열정으로 인스타그램을 찾아다니며 친구들 사진을 공유한다. 이처럼 자유롭게 친밀한 관계를 맺는다는 개념은 놀라울 정도로 새로우며, 많은 사람이 이 짜릿한 자유를 추구한다. 하지만 두 사람이 결혼하면 그중 한 사람이 죽을 때까지 그 관계를 유지한다는 기본 청사진만큼은 세기가 바뀌어도 변함이 없다. 우리의 증조할머니들은 자기 재산을 소유하거나, 경제적으로 홀로서거나, 투표를 할 수 없었다. 청년기의 불안감이 어느 때보다 심한 우리 세대에게 개인의 욕구라는 짐과 역사가 안긴 짐은 똑같이 무겁다. 성공한 성인기란 여전히 자신의 '반쪽'을 찾았느냐 아니냐에 달려 있다.

당시 내가 헤어진 사람은 상냥하고, 사랑스럽고, 똑똑하고, 착했다(지금도 그렇다). 나보다 돈도 훨씬 더 많이 벌었다(아마 여전히 그럴 것이다). 나는 그의 가족도 매우 좋아했으며, 앞으로도 그들을 그리워하리라는 것 역시 알고 있었다. 그들은 내 가족이기도 했다. 모두에게 최선이 될 '결혼'이라는 관계를 맺어야 한다는 기대를 저버리고, '이별'이라는 끔찍한 결정을 해야 한다는 사실이 잔인하게 여겨졌다.

이 책이 풀어보고자 하는 주제가 바로 이 모순이다. 나와 같은 여성이 착실하고 호감 가는 연인과 헤어질 수 있도록 해준, 과거 여성과 달리 자신을 중심에 놓을 수 있도록 해준 문화적·경제적 영향을 파헤쳐보고 싶었다. 그러면서도 한편으로는 이별 또는 파경이라는 결정이 왜 여전히 당사자들에게는 물론 주변 사람에게조차 격렬한 논쟁을 불러일으키는지도 들춰보고 싶었다. 우리가 무엇을 '원해야 하는지'뿐만 아니라 실제로 무엇을 '원하는지' 알아내는 것이 언제부터 이리도 어려운 일이 됐을까. 무엇보다도 나는 관계에서 발생하는 물질적인 고민과 감정적 윤리가 역사적으로 어느 시점에 갈렸는지 이해하고 싶었다. 돈과 사랑을 동시에 언급하는 것이 언제부터 무례한 일이 되어버렸을까. 마치 자신들의 공생 관계는 반지 위에 올라가는 다이아몬드의 크기와 무관하다는 듯이 말이다.

역사적으로 우리가 처한 현재 상황에 이르기까지 길을 닦은 이들은 가진 자들이었다. 결혼은 재산을 배분하는 일이었으며, 그 배경에는 서양 사회 백인 자산가들의 부를 유지하고자 하는 욕구

얀 반 에이크Jan van Eyck, 〈아그놀피니의 결혼Giovanni Arnolfini and his wife〉, 1434년

·
·

'결혼'이라는 제도는 역사 이래로
자연스럽고 필수적인 것으로 여겨졌다.

가 깔려 있었다. 많은 면에서 우리의 애정 관계는 계속해서 이성애 중심, 순결주의, 물질적 편안함을 기본으로 여기는 사상에 지배되고 있다.

장기간 지속되는 연애는 시장경제와 나란히 생겨났다. 여성으로서 또는 어떤 성적 성향이든 여성의 역할을 맡는 사람으로서 갖게 되는 연애 상대 선택권은, 우리가 자본주의의 부산물로서 얻은 제한된 자유에서 나온 것이다. 하지만 이는 자본주의가 계속해서 강화하는 불평등 탓에 갈수록 드러나지 않게 됐다. 우리 세대는 여성과 여성의 역할을 하는 사람들에게 이상적인 여성상에 너무 부합하고 있는 것은 아닌지 자신의 여성성에 관한 모순을 따지고, 전통적으로 여성의 역할이라는 부여된 틀 밖에서 선택할 수 있는 (불행한) 특권을 처음으로 부여받았다. 우리는 좋든 싫든 개척자인 것이다. 손에 쥔 이 특권으로 우리는 무엇을 해야 할까?

보수적인 경향도 없고, 성에 대한 자각도 뚜렷하지 없으며, 애인 없이 중년의 문턱을 넘은 사람에게 이 질문은 다소 따분해 보일지도 모른다. 중산층과 상류층 성인은 대체로 가족 중심적인 의식을 가지고 있다. 하지만 인류 역사상 배우자나 애인에게 지금처럼 많은 것을 요구한 적은, 사회적·경제적·감정적·성적 성향에 관해 이토록 복잡한 기준을 내세운 적은 한 번도 없었다. 이상적인 삶의 조건이 이토록 불분명했던 적도 없기에 삶 자체가 더욱 복잡해졌다. 잠재적 위험이 우리가 인정하고 싶은 것보다 크기 때문에 우리가 무엇을 원하는지를 알기도 어려워졌다. 개인의 행복이 무엇보다 중요하다는 개념이 널리 적용되는데도, 이를 진실로 받아들일 수 있는 자유는 최근에서야 생겼다. 게다가 많은 이들에게는 이 자유가 있는지 없는지조차 명백하게 드러나지 않는다.

어떤 관계에 결점이 있더라도, 그 결점은 당시가 아니라 훗날 깨달은 지혜의 눈으로 돌이켜 볼 때 제대로 보인다. 이와 마찬가지로, 남성과 여성 그리고 그 사이에 존재하는 모든 사람이 자유롭게 연애할 수 있도록 역사상 이루어진 문화적·경제적 발전 역시 과거로 거슬러 올라가야 분명히 보인다. 그냥 생긴 것은 아무것도 없다. 우리는 현실주의자들이다. 더욱이 우리가 지나온 숲을 되돌아가는, 빵 부스러기가 놓인 그 길이 우리가 예측한 모습일 거라는 보장도 없다. 이 책은 오늘날의 우리, 특히 여성인 우리가 사랑과 이별을 선택할 수 있도록 정치적·종교적·경제적 변화를 이끈 물리적 조건에 관한 일종의 과학수사forensic investigation 연구다.

차례

Chapter 1

착한 남자와
헤어지기 힘든 이유

나는 여성들이 무의식적으로 '이 세상 무엇보다 확실한 연애를 해야만 한다'라는 일종의 믿음을 받아들이는 건 아닌지 오랫동안 생각해왔다. 이를 논리적으로 확장해보면 '여성은 자신을 사귀려는 의지가 있는 남자를 만나는 즉시 그 사람 곁에 남아 관계를 유지할 것'이라는 기대로 풀이된다. 남성은 자기 씨를 퍼뜨리도록 생물학적으로 강요받는 반면, 여성은 관계를 형성하고 가족을 꾸리는 역할과 자연이 정한 양육자 역할에 충실해야 한다는 것이다. 이런 인식은 구식으로 여겨지지만 그럼에도 이를 충실히 받아들이는 사람이 여전히 많다. 이는 어쩌면 집단적 사이비 과학의 한 측면이라고 할 수 있는데도 말이다.

문화적으로 여성의 자율성이라는 문제는 21세기형 연애 관계의 흐름과 완전히 일치하지 않는다. 인터넷에서도 이에 동의하는 견해를 쉽게 발견할 수 있다.

2015년에 레딧Reddit(글, 사진, 동영상 등을 올리고 추천과 댓글로 의견을 교환하는 사이트-옮긴이)의 'X 염색체 2개TwoXChromosomes' 게시판에 올라온 한 글은 이렇게 시작한다. "어떤 이유에서건 또는 아무런 이유 없이도 헤어질 수 있습니다. 꼭 '그럴듯한 이유'가 있어야 관계를 끝낼 수 있는 건 아니에요."

'미스프레디커먼트MissPredicament'라는 닉네임의 이 글쓴이는 레딧의 연애 게시판 포럼에서 활동하는 수많은 여성이 비슷한 존재론적 문제에 빠진 것 같다고 분석했다. 실제로 아무런 문제가 없는 연애를 하지만 행복하지 않은 사람이 많다는 것이다. "내가 훨씬 젊었을 때 완벽한 이유가 있어야 이별할 수 있는 건 아니라고, 그 관계를 지속하고 싶은 마음이 없다는 것만으로도 이별의 이유는 충분하다고 누군가 얘기해줬더라면 하는 생각이 들어요. 그랬다면 엄청난 시간을 아꼈을 텐데 말이죠." 이 글에 1,000여 개의 댓글이 달렸다.

비슷한 내용의 다른 글도 있다. "착한 남자와 헤어진 적이 있나요? 아니면 착한 여자와 헤어진 적이 있나요?" 다른 사람의 경험을 듣고 싶어 하는 이 애절한 질문은 레딧의 또 다른 게시판 '여성에게 물어보세요AskWomen' 코너에 올라온 것이다.

헬로기글즈HelloGiggles라는 웹사이트에는 글쓴이가 '샘'이라고 부르는 착한 남자와 힘들게 헤어진 사연이 왔다. 이 여성은 '이별'이라는 소기의 목적을 달성하기 위해 마음을 모질게 먹었지만, 그녀의 착한 남자는 관계를 유지하고 싶어 했다고 한다. "죄책감이 온몸을 휘감으며 나의 모든 기관을 두드려댔다"라고 그녀는 묘사했다. 이 사연의 댓글에는 "몇몇 남자의 문제는 문제가 전혀 없다는 데 있죠"라는 글도 있다.

이상의 사례로 미루어 볼 때, 여성이 애인과 헤어질 때 민감하게 느끼는 감정은 잃어버린 사랑을 향한 살이 찢어지는 듯한 고통이 아니라 그 사랑을 밀어냈다는 죄책감인 듯하다.

여성이 자신의 경험을 바탕으로 조언을 해주는 이런 글을 보면, 남성들이 진지한 관계를 맺길 꺼리거나 맺지 못한다는 일반적인 예상이 들어맞지 않는다는 걸 알 수 있다. 여성이든 남성이든, '사내 녀석들은 다들 자라서 나쁜 놈들이 될 거'라는 진부한 말을 들으며 자란다. 우리는 이를 '해로운 남성성'이라고 부르며 그 나쁜 놈들 가운데서 왕자님을 찾아야 한다고 배운다.

그 과정에서 착한 남자를 만나 순탄하게 연애를 하는 것은 매우 드문 일이 된다. 따라서 그러한 연애를 끝내는 것은 도덕적으로 옳지 않으며 경솔하다는 평가를 받는다. 정말로 내 곁을 지키겠다는 착하고 괜찮은 남자와 헤어지는 것은, 아무리 좋게 표현해도 '무책임한' 일일까? 일테면 복권으로 큰 상금에 당첨됐는데 변덕을 부려 그 복권을 태워버리는 것과 마찬가지인 것인가?

물론 그런 관계가 드물다는 인식은 말 그대로 인식, 달리 표현하자면 전설일 뿐이다. 여성이 됐든 남성이 됐든, 한쪽 성이 다른 성보다 관계를 위해 더 노력하는 편이라고 단순화하는 건 쉬운 일이다. 더욱이 가부장제 사회에서 여성은 착한 남자를 찾기 어렵다는 사실을 뒷받침하는 사례도 매우 흔하다. 하지만 앞서 봤듯이 그렇지 않은 남자도 많으며, 오히려 그 때문에 여자들은 죄책감이라는 고통을 느끼기도 한다.

수많은 개인 에세이나 게시판이 앞서 소개한 것과 같은 조언을 제시하지만, 책의 세계는 사뭇 다르다. 아마존의 자기계발 분야 도서 목록을 보면 관계를 끝내고 싶어 하는 여성의 욕망은 고사하고, 관계를 끝낼 수 있는 여성의 권리를 이야기하는 책조차 별로 눈에 띄지 않는다. 가장 이성적이며 전문적인 상담가가 썼다고 일컬어지는 '21세기 연애의 붕괴'에 관한 책에서도 남성과 헤어지는 것은 남성의 태도나 여성의 선택 기준 같은 기본이 붕괴했기 때문이라는 식으로 가볍게 설명하고 넘어간다. '부디 헤어지고 싶다면 헤어져라' 같은 제목의 책은 한 권도 없다.

우리 사회에는 애인 때문에 상처를 입고 혼자서 와인을 벌컥벌컥 마시는 여성은 '나쁜 남자'에게만 반하게 되어 있는 사고회로를 가지고 있다고 가정하는 듯하다. 이 나쁜 남자라는 단어에는 상대의 감정에 주는 영향은 그다지 상관하지 않고 여자를 유혹하는 남성이라는 의미가 담겨 있다.

나쁜 남자는 수많은 문학 작품과 대중가요의 단골 소재가 되어 왔다. 그들이 내놓는 메시지는 한결같다. 여성을 사랑한 뒤 곧장 떠날 생각만 하는 바람둥이는 이 시대의 사회악이라는 것이다.

오늘날 나쁜 남자라는 표현이 흔히 쓰이지만, 사실 그 개념이 나타난 것은 어제오늘의 일이 아니다. 역사를 통틀어 남성은 여성한테서 뭔가를 빼앗았으며 여성 자체를 빼앗기도 했다. 백인 남성이 갈색 피부의 여성을 차지했던 스페인의 중남미 정복은 내 유전자에 선명히 기록돼 있다. 내가 연애를 시작하자마자, 엘살바도르인인 나의 어머니가 이렇게 말씀하셨다.

"젖소는 절대로 우유를 거저 주지 않는단다."

어머니는 마치 남자가 내게서 원하는 것이 섹스밖에 없는 것처럼 생각하신 듯하다. 그렇다면 내가 할 수 있는 것이라고는 내 욕구와는 상관없이 오로지 참는 수밖에 없을 것이다.

남성과 사귀는 여성을 위한 연애 안내서들은 나쁜 남자의 충격으로부터 회복하는 방법을 다양하게 묘사한다. 바로 나쁜 놈들을 제외하는 과정을 거치면 착한 남자만 남아 연애에 성공할 수 있다는 조언이다. 어떤 종류의 대인관계에서든 의사소통, 관리, 자기 주체성의 원동력이 '대부분 남자는 쓰레기이지만 당신은 아마도 그런 남자를 원할 것'이라는 가정하에 언급된다. 바로, 바보 같은 당신 말이다.

이런 책에 나오는 여성은 대개 마음씨가 너그럽고 남성을 보는 기준이 낮다. 《끝났으니까 끝났다고 하지》의 서문에서 저자 아미라 루오톨라 버렌트Amiira Ruotola Behrent(남편이자 이 책의 공동 저자인 그렉 버렌트와 베스트셀러 '조언' 매뉴얼인 《그는 당신에게 반하지 않았다》도 함께 썼다)는 여성 독자들에게 이렇게 확언한다.

"나는 해롭고 날 절망하게 하는 관계 때문에 고통받았을 뿐만 아니라, 관계에서 벗어나 있는 시간에 그가 자극을 받아 나를 위해 변해 있기를 또는 변하려고 노력했기를 바라곤 했다. 그리고 결국 다시 그에게 돌아가곤 했다."

연애 상담가인 레이첼 서스만Rachel Sussman은 《똑똑하게 이별하라: 이별 후 힘겨운 시간을 보내는 당신을 위한 힐링 카운슬링》의 서문에서 "내 이익을 내세우지도 못하고, 스스로 자존심을 갉아먹었으며, 옴짝달싹 못 하는 우울 상태에 자신을 가둔 내가 내린 결정들"로 자신의 험난한 연애 역사가 쓰였다고 말한다. 그러한 결정들은 잘못된 연인을 택한 것과 연관됐다고 암시한다. 한 친구(남자)가 자기를 따로 불러 "많은 착한 남자들이 데이트 신청을 하는데도 매번 해로운 남자만 고르니 걱정된다"라고 말해줬을 때에야 자신의 연애 방법을 재평가하게 됐다고 저자는 말한다. 이 책은, 적어도 아마존에서는 독자들에게 좋은 점수를 받았다.

오해의 소지가 있는 책인《남자를 차버리는 법: 겁쟁이를 위한 매뉴얼How to Dump a Guy: A Coward's Manual》마저도 연애를 끝내려는 노력을 진지하게 받아들이지 않는다. 남자와 헤어질 계획을 하는 여성에게 상대 남자의 특정한 단점(예를 들어 매달리는 타입이라든지 섹스에 관한 지식이 많은 타입이라든지)을 분류해 표를 채워보라며 장난투로 제안하거나, '그 남자를 차야겠다는 생각이 처음 들었던 날짜'를 기록해보라거나, 남자를 찰 때 입어야 하는 옷 등을 이야기한다. 이 책을 쓴 여성 저자들은 연애를 끝내는 과정을 마치 나중에 여자친구들과 브런치를 먹으며 수다 떨 화제로만 본 듯하다.

아마존에서 추천 도서로 꼽히는 책들의 내용을 보면 내 연애 경험담과 별로 맞아떨어지지 않는 듯하다. 나는 그간 남자를 몇 명 사귀었는데 모두 좋은 사람이었다. 각각의 상대마다 적어도 1년은 사귀었고, 매번 내가 끝을 냈다. 착한 남자를 발견하는 게 어려운 일이라고들 하는데, 나는 잘 찾아내는 재주가 있었다.

나는 운이 좋은 편이다. 내가 아는 여성 중에는 자기계발서에서 얘기하듯 흑백논리를 확인시켜주는 경험을 한 이들이 많다. 투명인간 취급을 받았다는 여성도 있다. 즉 아무런 연락 없이 또는 완전한 침묵으로 차였다는 뜻이다. 일부일처제를 거부한다면서 아내 외의 여자와 바람을 피고 또 그 관계를 아내에게 들킬까봐 전전긍긍하는 남자에게 정이 들어버린 여성도 있다.

우리 모두 왜 어떤 여성이 '그릇된' 종류의 남자, 즉 방탕하거나 태도가 모호한 남자에게 끌릴 수 있는지 그 이유를 어느 정도는 알고 있다. 짜증 나게도, 바람둥이가 좀 더 괜찮은 애인일 때가 많기 때문이다. 어쩌면 자신에겐 나쁜 남자를 '길들일' 능력이 있다고 생각하거나, 나쁜 남자와 재미를 보고 싶은 마음이 있어서일 수도 있다. 이런 설명이 진부할 수는 있으나 완전히 틀렸다고는 볼 수 없다.

나쁜 남자(또는 유행에 따라 이들을 어떻게 부르든 간에)들이 왜 그토록 뻔뻔하게 돌아다니는지에 대한 익숙한 설명은 많다. 굳이 새로운 점을 찾는다면, 성적 농담을 더 쉽게 할 수 있게 된 개방적 분위기, 개인의 정서나 평판에 대한 잠재적 책임을 덜어주는 통신기술의 발전과 그것들을 용인하는 문화의 변화를 들 수 있을 것이다. 사람들은 이제 그 어느 때보다 자유롭게 연애하며 자유롭게 상대를 선택할 수 있게 됐고, 현재 자신을 확실히 행복하게 해줄 특성이라면 그것이 무엇이든 무한정으로 추구할 수 있게 됐다. 미래의 애인은 손에 들었다가 선반에 도로 올려놓을 수 있는 상품이나 마찬가지다. 태블릿 스크린을 한번 쓱 쓸어 넘기는 것만으로도 따뜻한 체온을 가진 상대를 만날 수 있게 되었다.

하지만 오늘날 여성이 누리는 자유와 편리함에도 불구하고 남성과 여성은 근본적으로 여전히 동등하지 않은 위치에 있다. 단적인 예로, 같은 일을 한다고 했을 때, 남성의 평균 소득이 여성보다 높다. 남자는 권력과 자본의 상위층을 차지한다. 그들은 보통 여자보다 덩치가 더 크고 힘이 세며, 소유하고 획득하는 데 나은 여건을 갖췄다.

이는 문제가 된다. 어떤 관계도 홀로 동떨어져 존재하진 않기 때문이다. 두 사람이 이루는 관계는 세계를 형성하는 사회문화적 단위다. 가장 평등한 관계라 할지라도, 모든 결혼과 연애와 침대에서 관계의 재생산을 위협하는 권력구조를 미시적 수준에서부터 협상해야 한다. 그리고 이 때문에 관계를 경험하는 방식에서 여성은 스스로 인정하든 아니든, 남성이 결코 알지 못하는 면에서 어려움을 겪을 수밖에 없다.

무책임한 건달, 카사노바 등 시대를 초월하는 나쁜 남자에 대한 수사 어구는 서구 사회에서 남성과 여성 간에 지칠 정도로 늘 존재해온 불균형 때문에 생겼다. 그리고 인터넷 미디어 시대를 사는 우리는 일종의 돌이킬 수 없는 단계를 향하고 있는 듯하다. 기자인 세라 래치포드Sarah Ratchford는 2017년 캐나다 패션 잡지 〈플레어Flare〉에 이런 기사를 썼다.

"급여의 차이, 감정 노동의 차이와 함께 일부러 연락을 뜸하게 하거나 아무런 통보 없이 잠적하는 등 나쁜 남자가 하는 비상식적인 행동은 [남성과 여성 간에] 명백한 소통의 차이를 드러낸다."

힘든 연애 상대가 꼭 남성이라는 소리는 아니지만, 여성 대부분이 타인의 감정을 헤아리라는 가르침을 받으며 자라는 반면 남성은 그렇지 않다고 래치포드는 주장한다. 이렇게 인식되는 소통의 차이, 즉 남성과 여성이 자랄 때 주입받은 불균형한 도덕론의 결과로 현대 여성이 원하는 친절한 배우자나 애인이 되기에 부족한 다수의 남성이 만들어졌다. 반면 남성을 만나는 여성은 관계 자체를 위해 자신이 바라는 것을 점점 더 포기해왔다. 참고로 이 기사의 제목은 '왜 나는 남자와의 연애를 포기하고 집에만 있는 가'이다.

래치포드는 남자아이와 여자아이는 각자 다른 것에 가치를 두

도록 길러지며, 남성과 여성은 서로 다른 행동에 대해 사회적 보상을 받는다고 주장했다. 하지만 래치포드가 묘사하는 감정의 부주의는 남성이 타인을 고려하는 데 무능력해서라기보다, 남성은 불공평하게 우월한 위치를 차지하고 있으며 그 위치를 내키는 대로 활용할 수 있는 특권이 있기에 생기는 것이다. 남성 개개인의 성적 냉담함을 공감의 결핍으로 설명할 수는 있겠지만, 남성이 과대평가를 받는 연애 시장 그리고 사회에서 남성의 나쁜 행동은 수년간 용인되거나 저지되지 않은 채 지속되기 때문이다.

반면 여성은 사회에 막 진출하는 시점부터 노동 시장에서 남성보다 낮은 가치로 평가된다. 이런 경향은 연애 시장에서 더 심하게 나타나며, 가정을 꾸리기로 했을 때는 가치가 더 낮아지는 경험을 한다. 시간의 흐름에 따라 우리의 생체 시계가 사악하게 똑딱거리며 가치를 빠르게 갉아먹기 때문이다. 양쪽 시장에서 여성은 분명 불리하게 출발하며, 일과 연애 중 한 시장에서 발판을 마련하려고 한다면 나머지 시장에서의 성공은 위협을 받는다.

경제적인 면에서 비교하는 것은 더할 나위 없이 편리한 방법이다. 와튼 스쿨의 경영경제 및 공공정책학 교수인 커린 로_{Corinne Low}는 미국 결혼 시장에서 평가되는 여성의 생식 자본을 도표로 정리했다. 로 교수는 2016년에 쓴 보고서 〈생체 시계 가격 책정〉

에서 노화가 여성의 생식 건강에 미치는 차별적인 영향은 여성의 관계 전망과 미래의 사회경제적 성과에 부정적으로 작용한다고 주장했다.

"남성과 여성 사이에는 선천적으로 생물학적인 불균형이 존재한다. 남성의 생식계는 다른 기관계와 같은 속도로 기능이 노화하고 감퇴하지만, 여성의 생식계는 다른 기관계보다 노화가 더 일찍부터 시작되며 더 빠르게 진행된다."

이러한 불균형이 여성의 의지를 인적 자원에 투자하는 데에도 영향을 끼쳐 실제로 여성에게 경제적인 여파를 미친다는 증거를 찾기도 했다. 이러한 투자가 결과를 가져오기까지는 시간이 걸리기 때문에 결혼 시장에서 여성의 매력은 제한될 수밖에 없다.

이를 증명하기 위해 로 교수는 나이를 무작위로 설정해 온라인 데이트 사이트에 프로필을 올리고, 젊은 여성을 선호한다고 판단되는 남성의 취향이 미적 매력과 관련이 있는지 아니면 여성의 잠재 생식 능력과 관련이 있는지 확인하는 실험을 했다. 그는 실험 참가자가 가상의 배우자로 선호하는 나이, 학력, 소득 수준 데이터와 참가자가 선택한 프로필을 수집했다. 분석 결과 젊은 배우자에 대해 강한 선호도가 나타났는데, 미와 그 밖의 요인을 제어해도 마찬가지였다. 이러한 선호도는 자녀가 없으며, 여성의 나

렘브란트 판 레인Rembrandt Harmenszoon van Rijn, 〈유대인 신부The Jewish Bride〉, 1665~1667년

결혼 시장에서 여성의 매력은 잠재 생식 능력,
즉 나이에 의해 제한되어왔다.

이와 생식 능력의 정확한 관계를 아는 남성에게서 두드러지게 나타났다. 또한 여성의 나이를 한 살씩 높일수록 연봉이 7,000달러씩 늘어나야 여성의 나이 변화를 상관하지 않는 것으로 나타났다. 로 교수는 이 수치가 바로 여성 생식 능력의 시장가격이며, 여성 생식 능력은 가치가 빠르게 떨어지는 경제적 자산이라고 결론지었다.

이렇게 나온 값은 명백한 그림을 보여준다. '일등 신랑감'의 조건을 갖춘 남자와 헤어지는 것은 정신 나간 행동일 뿐만 아니라, 경제적으로도 불리한 선택이라는 것 말이다. 생식 능력의 시장가격을 책정한다는 것이 그다지 로맨틱하지는 않지만, 사실 연인이나 부부 관계는 늘 일종의 계약과도 같은 기능을 해왔다. 특히 결혼에는 말 그대로 법적 요소가 포함된다. 개인과 자산을 공식적으로, 법적으로 결합하는 것이니 말이다.

하지만 결혼과 사랑이 각각 의미하는 바는 상대적으로 짧은 시간 내에 급격히 변해왔다. 이 둘이 서로 다른 것으로 여겨지기 시작한 것은 비교적 최근의 일이다. 만약 테일러 스위프트Taylor Swift 가 예전에 활동했다면 '이제 끝이야. 다시는 만나지 않을 거야'가 아니라 결혼 상대가 소를 몇 마리나 가지고 있는지에 대해 노래했을지도 모른다.

Chapter 2

사랑의 탄생,
그리고 자유

나는 제인 오스틴Jane Austen의 작품을 찾아 읽는 편은 아니었다. 예의범절이나 결혼이 주된 소재라는 생각에 큰 흥미를 느끼지 못했기 때문이다. 그의 소설《엠마》를 현대적으로 재해석한 영화 〈클루리스〉를 본 것으로 오스틴의 작품 세계를 다 파악했다고 확신했다. 하지만 책 외에는 별다른 관심사가 없는 편이었고, 취향도 다양하지 않아서 브론테Brontë 자매의 작품보다 미국 하층민의 일상을 시로 표현한 찰스 부코스키Charles Bukowski의 작품에 더 끌렸다. 그것 말고는 딱히 적성을 발견한 것도 아니어서 결국 대학 입학 때 영문학을 선택했다.

　머리카락 한 줌을 빛나는 오렌지색으로 염색한, 젊고 사근사근한 18세기 영문학 부교수는 낭만주의 강의 커리큘럼에《오만과 편견》을 포함시켰다. 그의 말에 따르면 이 소설이 사회적 가치에 큰 변화를 일으키는 계기가 됐고, 따라서 이 작품을 이해하는 것이 중요하다는 것이었다. 호소력 있는 작품 추천이라고는 볼 수 없지만, 이후 오스틴은 자연스레 내 새로운 삶의 일부가 됐다.

　《오만과 편견》은 지주계급 집안으로서 사회적 위치를 지키기 위해 돈을 보고 결혼해야 하는 자매와 가족의 구애를 다룬 것으로 유명하다. 그 시대에 맞게 새롭게 등장한 모순되는 규칙은, 이야기가 이상적으로 흐르려면 자매들 역시 부유한 결혼 상대를 좋아해야 한다는 것이다. 어쩌면 사랑이라고도 할 수 있는 이 감정에 '적당한 부'라는 새로운 조건이 충족되면, 극적인 긴장은 완화되고 등장인물 모두가 사랑의 완성을 이루게 된다.

작품 속 베넷 자매를 만났을 무렵, 난 열아홉 살이었다. 그때 난 나이에 맞지 않게 현명하고, 경제적으로도 안정적이며, 누가 보더라도 결혼 상대로 적합한 사람과 막 연애를 시작했다. 그는 세 가지 중요한 부분에서 나와는 정반대인 사람이었다. 나는 연애와 나의 미래, 사랑과 안정 간의 균형, 동지애와 성욕 간의 균형 같은 모순된 것들을 조화롭게 운영할 준비가 전혀 되어 있지 않았다. 나는 "네 계좌 잔액이 마음에 드니 네 성격 정도야 참을 수 있어"라는 식의 물질적인 안정 같은 단순한 이유로 상대를 택하는 것을 선호하는 인간이었다. 그런데 단순히 경제적으로 득이 되는 상대를 확보하는 작전은, 성공 확률이야 높겠지만 내 연애에 분명 빤한 미래를 가져다줬을 것이다. 나는 내 또래 여자아이 대부분과 같은 생각을 주입받으며 자랐다. 영원히 한 사람에게 '모든 것'을 바라는 것이 가능할 뿐 아니라 바람직하다고 말이다.

오스틴의 시대는 결혼의 역할에 상대적으로 새로운 사고방식을 부여했다. 즉 사회 조직과 가족 조직의 전통에 참여하는 사고방식이 아니라, 개인의 행복에 대한 개인주의적 관념에 근거한 사고방식을 도입한 것이다. 낭만주의 시대, 즉 로맨티시즘은 '로맨스'에 길을 열어줬다고 할 수 있다. 그리고 오스틴의 작품에서는 로맨스를 추구하는 데 따르기 마련인 어리석음이 행동을 주도한다. 그렇다고 오스틴 자신이 사랑에 눈이 먼 사람은 아니었다. 그는 작가이자 사색가로서 이상적인 연애가 정말로 존재하기란 매우 어렵다는 걸 알고 있었다. 잔인하게 들릴 수도 있지만, 실제로 오스틴은 죽을 때까지 독신이었다.

오스틴이 사랑을 어떻게 생각했는지와는 무관하게, 자기 작품에 배치한 결혼에 대한 기대는 21세기의 기준에 따르면 부러울 정도로 색다르다. 현대식 연애 설명에는 연애 대상에 '만족하는지 아닌지'는 전혀 따지지 않고 그 대상에 '정착하라'는 끝없는 압박이 들어 있다. 우리는 심장을 쿵쾅거리게 하면서도 편안하게 해주는, 누구보다 친근하면서도 완벽한 상대가 언젠가는 나타날 거라는 얘기를 수도 없이 들어왔다. 중도에 타협한다면 반드시 평생 후회하게 될 것이고 자존심은 손상될 것이며, 이는 우리가 갖고 자란 소녀로서의 힘과는 반대되는 것이라는 말도 숱하게 들

유진 드 블라스Eugen de Blaas, 〈희롱The Flirtation〉, 1889년

오스틴의 시대는 결혼에 개인의 행복에 대한
사고방식을 도입했다.

었다.

시대가 바뀌어도 오스틴의 여주인공들이 계속해서 사랑받는 이유는 그들이 현대 독자 앞에서도 여전히 현명한 모습을 보여주기 때문이다. 그들은 시궁창 같은 상황에 항복하는 더 비참한 주변 인물과는 달리 어려움을 극복할 줄 아는 것처럼 보인다. 엘리자베스 베넷은 부유한 구혼자 다시의 강인한 인격을 확인한 후에야 그의 구혼을 받아들인다. 한편 동생 리디아는 수중에 돈 한 푼 없는 비열한 위컴과 결혼함으로써 사랑에 눈이 멀어 도피했다는 불명예를 간신히 피한다. 위컴은 다시가 준 돈 때문에 리디아와의 결혼을 결심하지만 말이다. 이렇게 오스틴의 여주인공들은 타협하지 않는다. 그들은 마치 개인의 욕구가 도덕적 용기와 동등하다는 듯 자신들이 생각하는 가장 이상적인 결과를 향해 차분히 나아간다.

그들처럼 배우자를 선택할 때 믿기 어려운 기준을 붙들고 있어야만, 영원히 함께할 짝을 찾는 경기의 종반전에 다다를 수 있다. 그리고 자아실현 목록에 남은 결혼과 출산 등 '해야 할 일'을 전부 완수하게 된다. 나는 자라면서 현명하고 자립적인 여성에게는 애인이나 배우자가 반드시 가장 중요한 존재가 될 필요는 없다는 사실을 깨달았다. 하지만 실제로는 다들 애인이나 배우자를 가장 중요한 존재로 삼고 있다.

　연애를 남은 평생 그 상대와 함께한다는 약속으로 간주할 때, 누구나 당연히 주어진 관계의 장점과 단점을 저울질하게 된다. 자신이 추구하는 것이 안정감인지, 한결같이 느껴지는 호감인지, 또는 두 가지를 한 번에 노리는지 자문해볼 수 있을 것이다. 상대방의 가족과 가까워지겠다는 마음이 있는가? 아니면 그 사람은 독립적인 존재이며 그 사람과의 관계를 하나의 섬이라고 여기는가? 또는 그 사람과의 관계가 삶이라는 변화무쌍한 바다 위에서 두 개의 섬으로 존재하는 거라고 생각하는가? 그리고 베넷 자매에게만이 아니라 오늘날 보통 여성에게도 해당하는 질문을 할 수도 있다. 남성이 여성보다 훨씬 소득이 높은 상황에서 경제력을 고려하는 게 그렇게도 천박할까?

　미국대학여성협회American Association of University Women에서 최근에 분석한 바에 따르면, 미국 여성은 미국 학자금 대출의 약 3분의 2를 차지하고 있다. 즉 남학생에 비해 돈을 더 빌려 쓴다는 뜻이다. 그런데도 졸업 후 벌어들이는 소득은 더 적다. 이 수치는 영국에서도 마찬가지로 나타나며, 캐나다 재무부에서 내놓은 2017년 젠더 예산 보고서의 내용도 거의 비슷하다.

사실 나도 그중 하나다. 10년 가까이나 생활비 대부분을 책임져준, 좋은 직업을 가진 좋은 남자가 없었더라면 난 글쓰기라는 직종의 불안정한 수입으로는 끼니도 해결하기 어려웠을 것이다. 창의력이 필요한 분야에 종사하는 꽤 많은 동료가 드문드문 받는 급여 사이의 공백을 부모의 지원금으로 메우는 와중에 나는 남자친구와 싼 아파트에서 함께 살면서 수입에 비례해 지출을 부담했다. 당연하게도, 많이 버는 그가 더 많이 냈다. 그 시절 유일한 조건은 불명확한 미래를 공유한다는 것이었다.

이 재정 상태를 대하는 나의 모호한 태도는 관계의 경계를 넘어서도 계속됐다. 분명히 말하지만 우리는 서로 사랑했다. 하지만 언젠가는 재정적으로 독립할 수 있기를 바라며 경력을 쌓았던 그 10년 동안, 내가 보살핌을 받는 존재라고 느꼈던 것 또한 사실이다. 나는 이타적이고 공평한 관계를 원했지만 자급자족하는 생활도 원했다. 남자친구에게 신세를 지고 있다는 느낌이 싫었다.

엄밀히 말해 우리는 결혼한 사이는 아니었지만 캐나다에서는 관습법상 합법적으로 결혼한 관계로 봤다. 단순히 남자친구가 나보다 돈을 더 많이 번다는 이유로 이 관계를 맺은 것은 아니다. 내가 그 관계로부터 혜택을 받았다고 해도 말이다. 난 오히려 그러한 구조 때문에 우리 사이가 끝났다고 생각한다. 관계가 장기간 성공적으로 지속되려면 재정적 화합이 중요하다는 여러 연구 결과가 있다. 그리고 어떤 이들에게 재정적 화합은 누군가와 사귀는 중요한 이유가 되기도 한다. 그렇다고 해도 내가 돈을 제외한 다른 이유로만 결혼해야 한다는 걸 전제로 누가 '돈 때문에 결혼'했는지 아닌지를 추측하려는 것은 아니다. 하지만 솔직히 말하자면 우리 대부분은 실제로 돈 때문에 결혼한다. 적어도 돈은 결혼하는 이유의 일부가 된다. 결혼이라는 계약은 애초부터 경제적 동맹을 기반으로 만들어졌으며, 오늘날에도 크게 달라지지 않았다. 사는 곳, 각종 청구서, 부 또는 가난을 공유하니까 말이다. 그렇지 않다면 굳이 정부에 신고해 결혼을 공식화하거나 변호사를 통해 이혼을 확정할 필요까진 없을 것이다.

구애의 역사나 오스틴이 자세히 서술해준 내용을 보면 당시 흔했던 일들이 지금도 흔하다는 걸 알 수 있다. 여전히 어느 정도는 남성, 그것도 백인 남성의 세상이다. 특히 남성 재력가들은 교제 대상을 찾는 데 불균형한 힘을 행사한다.

우리가 사는 시대는 기술 덕에 성적 투명도가 높아졌다. 많은 이들이 틴더Tinder나 오케이큐피드OkCupid, 범블Bumble 같은 데이팅 앱에 가입해 사랑을 찾는 수고를 던다. 평생을 함께할 배우자든,

반나절 즐길 애인이든 간에 말이다. 기혼자들에게 바람피울 상대를 찾아주거나 젊은 여성과 나이 든 부자 남성 간에 짝을 지어주는 원조 교제 알선 사이트마저 있다. 동성의 짝 또는 젊은 남성과 나이 든 부자 여성 간의 짝을 찾아주기도 한다. 특히 조건 만남 사이트 시킹어레인지먼트SeekingArrangement에서는 젊은 여성과 나이 든 부자 남성의 짝을 찾아주는데, 이곳을 이용하는 사람들은 기존 성 역할이나 구식 데이트 방식을 거부하며 교제와 섹스를 물질적인 지원과 맞바꾼다.

시킹어레인지먼트의 대표적인 광고 문구 '서로에게 이익이 되는 합의'는 전략적으로 선택된 표현이다. 젊은 여성이 제공하는 섹스와 나이 든 남성이 주는 돈이 교환되는 시장임을 표방하는 이 사이트는 북미의 일반적인 어른에게는 매우 익숙한 문화 패러다임을 그대로 드러낸다. 그 '합의'로 무슨 일이 벌어지는지 굳이 설명할 필요가 없을 정도다. 놀랍게도 이 사이트는 전 세계 139개국을 대상으로 운영된다. 사이트에서 어떤 일들이 이루어지는가를 드러내지 않기 위해 또는 좀 더 까다로운 고객들의 윤리적 고민을 진정시키기 위해 '관계'와 '합의'란 단어가 번갈아 가며 사용된다. 그렇게 해도 이런 표현이 어떤 메시지를 내포하는지는 누구나 추측할 수 있기 때문에 매우 영리한 포장 방법이다.

관계를 한 번이라도 맺어본 사람이라면 관계를 맺는 데 어느 정도 타협이 필요하다는 점에 동의할 것이다. 모든 관계의 기본은 한쪽이 선호하는 교환 조건을 상대방과 맞추는 것이다. 시킹어레인지먼트 측은 커플들에게 도움이 된다고 주장한다. 자기네 사이트를 통해 만남을 이루는 양측이 최소한 각자가 기대하는 중요한 몇 가지를 주저하지 않고 솔직하게 요구할 수 있기 때문이라는 것이다.

나는 시킹어레인지먼트를 이용하는 사람들 간의 관계에 존재하는 경제적 불균형 또는 젊음이라는 상품을 무시하지 않는 데이트 시장의 거래 중심 접근 방식에 소심하게 샘을 낸 적도 있다. 자기가 돈을 많이 '벌었다'고 믿는 남자에게 인정을 받으려고 발버둥 치는 것은 내 체질과는 맞지 않지만, 혹시라도 내가 스물네 살에 부자 남성의 품으로 뛰어들었다면 세상을 더 쉽게 살 수 있었을지도 모른다고 솔직히 가끔 생각하기도 한다. 당시 나는 내가 손에 들고 있는 이 카드, 이제 막 어른이 된 여성에게만 발급되는 일종의 유한한 보험상품인 이 카드를 마음이 내킬 때면 언제든 제시할 수 있다는 점을 알고 있었다.

오늘날 '연애와 실용주의는 정반대의 개념'이라는 주장은 기껏해야 현실적이라는 평가를 받을 뿐이다. 사람들의 실제 연애 습

관만 봐도 이 주장과는 종종 다른 양상을 띤다. 애인이나 배우자를 두고 다른 사람을 만나는 것은 배신 행위라는 게 상식으로 통하지만, 미국인 다섯 명 중 한 명 가까이는 바람을 피운 적이 있다고 고백할 것이다. 거의 모든 사람과 마찬가지로 나 역시 사랑을 기반으로 한 연애가 이상적이라는 데에는 동의한다. 그렇지만 평생 한 사람을 계속해서 사랑하는 일을 내가 감당할 수 있을지 많은 시간 자문하며 고통스러워한 적도 있다. 물론 내가 사랑하고 날 사랑하는 사람에게 헌신하는 것은 기분 좋은 일이다. 하지만 사람들은 결국 서로 나란히 움직이거나 가까워지거나 멀어진다. 감정의 나침반은 어떤 경우에도 흔들리지 않고 매번 북쪽을 가리키는 기계가 아니다.

사회적 가치는 우리가 처한 환경과 우리보다 먼저 산 사람들에게 받은 정보로 형성한 조건의 결과물이다. 그리고 자신의 마음을 따르려고 할 때 '우리보다 먼저 산 사람들'의 조건 목록은 상대적으로 짧아진다. 역사적으로 사랑은 '유일하고 영원한 결혼'이라는 문맥과 항상 함께하지는 않았다. 혹시 알고 있는가? 진정으로 사랑해서 결혼하는 일은 사실 18세기에 이르러서야 시작됐다는 사실을 말이다. 인류 역사상 대부분의 사람은 사랑 때문에 결혼하는 것은 한마디로 너무 위험하다고 여겼다.

예를 들어 고대 로마인들은 결혼을 부와 재산 그리고 (가부장의) 혈통을 계승하는 데 필요한, 틀에 박힌 일이라고 봤다. 따라서 결혼을 영원히 지속해야 하는 관계라고 여기지 않았다. 로마 공화국 후기부터는 남성과 여성 모두 자기 뜻에 따라 이혼과 재혼을 할 수 있었다. 엄밀히 말해 여성에겐 불법이긴 했지만, 불륜도 흔했고 농담처럼 불륜을 장려하기도 했다. 로마 시인 오비디우스는 《사랑의 기술》이라는 작품을 통해 사랑을 열망하는 남자에게 상대 여자의 남편을 '정중하게 대하라'고 조언한다. "그의 환심을 사는 것만큼 그대의 뜻을 실행에 옮기게 해줄 것도 없으리라"라고 오비디우스는 말한다. 마치 《윤리적인 매춘부The Ethical Slut》의 서문을 라틴어로 옮긴 것처럼 들린다.

로마 시대의 삶은 힘겨웠으며, 결혼은 심장의 비이성적인 요구로 망쳐놓기에는 너무나도 진지한 관계를 의미했다. 농담하는 게 아니다. 만리우스라는 로마 공화국의 한 원로원 의원은 자기 딸 앞에서 부인에게 키스했다는 이유로 원로원에서 쫓겨났다. 어쩌면 섹스와 결혼 그리고 결혼 내에서의 섹스에 관한 감정을 불신한, 금욕주의라고도 불리는 스토아철학을 탓해야 할지도 모른다. 초기 기독교의 사상을 쌓은 것도 이런 의식구조였다. 그리고 논

란의 여지는 있으나, 일부 종교 보수주의자들의 가족관을 나타내는 미사여구에도 이런 구조가 계속해서 등장한다.

철학자 세네카는 "아내가 마치 첩인 것처럼 성관계를 맺는 것만큼 구역질 나는 것도 없다"라고 주장하기도 했는데, 이를 포함한 스토아학파의 가르침은 성을 주제로 쓴 초기 기독교 문건과 유사하다. 초기 기독교를 이끈 지도자인 사도 바울은 세네카와 동시대 사람이었다. 두 사람이 주고받은 편지도 여전히 보관되어 있다. 편지가 가짜라 여기고 내용을 무시하는 사람도 많지만, 두 인물의 의식구조에서는 유사한 점이 명확히 드러난다. 갈라디아인들에게 보낸 편지에서 사도 바울은 성적인 욕망이 완전히 천하지는 않다고 해도 분명히 영적인 목적에 방해가 된다며 정욕에 반대했다.

"신과 함께하라. 몸의 욕구를 채우지 마라. 몸의 욕구는 신의 뜻에 반하며 신께서 바라시는바 역시 몸에 반한다. 신과 몸은 상반되어 너희가 원하는 대로 행동하는 것을 막을지니."

나중에 〈고린토린에게 보내는 첫 번째 편지〉의 7장에 가서야 사도 바울은 자기가 내린 명령을 바꾼다. 자기와 결혼한 사람에 한해서라면 당연히 욕정을 만족시켜도 된다고 허락한 것이다. 하지만 바울이 마음을 바꿔 섹스를 긍정적으로 보게 됐다고 말하긴 어렵다. 오히려 그는 금욕하면 절제력을 넘어서는 더 큰 욕구가 생길 수 있고, 따라서 혼외정사의 유혹에 더 쉽게 넘어갈 수 있다고 암시한다.

"서로의 욕구를 채워주어라. 기도에 전념할 수 있도록 서로 합의한 일정 시간을 제외하고는 말이다. 그리고 다시 서로에게 열중하라. 자제력이 부족하면 악마가 유혹할지도 모른다."

바울은 피임한 부부간의 섹스야말로 성욕으로 인한 해를 줄이는 방법이라고 밝혔지만, 이 지시를 내리며 기뻐한 것은 아니었다고 보는 게 맞을지도 모른다.

3세기 후 성 아우구스티누스가 처음으로 결혼에 성례 지위를 부여했다. 그는 《고백록》에서 섹스에 신중하게 접근하는 글을 통해 자신이 경험으로 얻은 지식을 총망라했다. 북아프리카 출신 주교인 아우구스티누스는 초기 기독교 신학의 기초가 되는 문건 중 두 건을 작성했고, 구약 성서와 신약 성서를 정밀히 연구해 육체적 욕망에 대한 초대교회의 입장을 신학적 틀에 맞췄다. 그는 결혼한 부부간의 섹스는 이상적이며 막을 수 없다고 했지만, 혼외정사는 분명히 안 된다고 선언했다. 이로써 결혼은 영원한 결합으로 재탄생했고 이혼은 경미한 죄가 됐다.

아우구스티누스의 영향력 있는 금욕 경향은 그와 마찬가지로 완고했던 동시대 인물 성 히에로니무스의 글로 강화됐다. 히에로니무스는 부부간의 섹스조차도 명백히 생식을 목적으로 하는 것이 아니라면 용서할 수 없는 죄라고 간주했다. 초기 기독교의 욕망에 관한 이런 도덕적 억제는, 성욕의 이상화를 유지한 채 시간이 흘러 결혼을 '두 사람이 부부가 되는 결합'이라는 개념으로 정착하게 했다.

　사랑해서 결혼한다는 개념보다 앞서 나온 구혼이라는 개념 역시 기독교 교회의 부산물로, 적어도 교회로부터 간접적인 영향을 받았다고 보아야 한다. 몇몇 학자는 12세기에 나타난 중세의 궁정연애(귀부인에 대한 절대적 헌신을 이상으로 하는 기사도적 연애관-옮긴이)가 결혼을 하는 데 여성의 동의와 더불어 밀접한 결합과 정서적 애착을 강조하는 하느님과의 영적인 관계를 역설하는 교회 교리가 변화함에 따라 생겼다고 설명한다. 이 변화는 십자군 전쟁과 함께 일어났고 같은 시기에 궁정연애가 문학 작품에 빠르게 확산됐다. 보통 결혼한 귀족 여성과 이 여성을 사모하는 기사 간의 이야기로, 귀족 여성에게는 종교 전쟁에 나간 남편이 있는 경우도 있었다. 궁정연애는 공공연한 성적 충동 대신 숨 막히는 10대들의 연애를 중세 시대 버전으로 옮긴 듯한 기사도 관습을 칭송했다.

점점 퍼지는 기독교 신앙은 귀족 및 왕족의 변덕과 대립하게 됐고 사람들, 특히 여자는 더 신중하게 결혼 생활 밖에서 은밀한 연애를 지속했다. 하지만 당시 유행하던 궁정연애는 혼외에서 추구하는 육체적인 욕구를 넘어 정신적인 범위로까지 그 영향을 확장했다. 문학 작품에서 묘사하는 궁정연애는 강렬하고 빠르게 전개됐으며, 한 손에 들어오는 크기의 책으로 만들어져 지루한 삶을 살던 귀족 여성들의 마음을 사로잡았다.

궁정연애 소설의 작가가 예비 독자로부터 직접 후원을 받아 글을 쓴 경우도 있었다. 근대 소설의 창시자로 불리는 크레티앵 드 트루아Chrétien de Troyes와 《궁정연애의 기술The Art of Courtly Love》을 쓴 안드레아스 카펠라누스Andreas Capellanus는 샹파뉴 백작 부인인 마리 드프랑스Marie de France의 지원을 받았다. 백작 부인 자신도 궁정연애로 명성이 자자했던 노르망디 여왕 알리에노르 다키텐Aliénor d'Aquitaine의 딸이었다. 카펠라누스가 쓴 에티켓 지침서에서 궁정연애의 규칙을 만드는 역할을 한 마리라는 기혼녀는 "(사랑이) 결혼한 두 사람 사이에 영향력을 미치는 것"은 불가능하다고 명백하게 경고했다.

궁정연애에 대한 숭배는 중세 귀족의 성생활에 관한 성찰보다 허구에 대한 비유적 묘사에 더 가까웠다. 그럼에도 이번에는 결

유진 드 블라스Eugen de Blaas, 〈연애 편지The Love Letter〉, 1902년

"
"
"

연애편지는 궁정연애 시절 구혼의 주요 수단이 된다.

혼이라는 맥락을 활용해 낭만을 추구하고 감정을 건드리는 이야기를 결합할 수 있는 하나의 모형을 제공했다. 한동안 유럽에서 결혼한 보통 부부 사이와 궁정연애 간에는 공통점이 거의 없었다. 역사학자인 스테파니 쿤츠Stephanie Coontz는 저서《진화하는 결혼》에서 다음의 16세기 영국 속담을 소개한다.

"개와 여자와 호두나무는 때릴수록 나아진다."

부부 관계에 대한 이 충격적인 속담이 오늘날 온라인 게시판에서 흔히 접하는 여성 혐오의 전조로 보인다면 제대로 본 것이다(제발, 강아지를 때리는 짓도 하지 말길 바란다).

비록 속도가 느리긴 했지만 변화의 물결이 일기 시작했다. 14세기부터 유럽 전역에서 고전 철학과 문학에 관한 관심이 되살아나 숨이 막힐 정도로 목을 조르던 로마 가톨릭교회에 맞섰다. 1세기 후 구텐베르크가 발명한 인쇄술로 이 과정은 더욱 빨라졌고, 동시에 일어난 종교개혁으로 새로이 분리된 서방 가톨릭교회는 종교의 권한을 분산시켰다.

한편 과학기술의 발전이 정보의 확산을 가속화해 당연하게도 종교 교의를 밀어냈다. 18세기 계몽 시대와 함께 정점에 이른 인문주의 운동이 일어난 것이다. 개인의 권리와 행복을 추구하라고 재촉하던 문화의 세속화는 산업이 출현하고 시장경제가 보급되면서 실현하기가 더 쉬워졌다. 쿤츠를 포함한 일부 학자는 오스틴 시대인 18세기의 문화·경제 세력이 결합해 사랑해서 결혼한다는 이상적인 개념이 표준이 됐다고 믿는다. 산업화는 농지 상속에만 국한되지 않는 부를 가진 새로운 계층을 탄생시켰다. 프리드리히 엥겔스Friedrich Engels가 1884년에 쓴《가족, 사유재산, 국가의 기원》에서 말한 것처럼 "이렇게 '자유롭고' '평등한' 사람들의 창조야말로 자본주의적 생산의 주요 기능 중 하나였다."

산업화한 경제구조는 사람들을 혈육 공동체에서 데리고 나와 도심으로 밀어넣었다. 사회적으로 소외되는 이 경험이 어쩌면 낭만적 사랑이라고 하는 친밀한 위안을 요구했을지도 모른다. 케임브리지대학교 명예교수인 앨런 맥팔레인Alan Macfarlane은《자본주의의 문화The Culture of Capitalism》에서 이렇게 썼다.

"'낭만적 사랑에 대한 관념'은 관점에 따라 붕괴와 결속이 이뤄진 사회에서 외로움과 고립을 위한 보상 중 하나로, 또는 옛 공동체 관계의 붕괴로 생긴 또 다른 저주로 볼 수 있다."

그가 '낭만적 사랑에 대한 관념'이라고 부른 것의 경제적 구성은 다음과 같이 간단하게 나뉜다.

시장이 열리고 이동성이 증가하니 사람들은 돈과 시장가치가 지배적인 위치를 차지하는 새롭고 개방된 환경에 놓였다. 그리고 자본주의가 삶의 수준을 개선해 물질적 조건을 바꾸었다. 자본주의, 특히 특정 산업 형태의 자본주의는 농촌 공동체의 해체로 이어졌다. 사람들은 도시와 산업 프롤레타리아 계급으로 빨려들어 갔다.

이 새로운 도시적·산업적 프롤레타리아는 확장된 가족 네트워크와 역사를 통해 경제적 생존을 보장하는 정치적 충성에 크게 의존하지 않았다. 그 자리에 개인이라는 존재가 싹을 틔웠으며, 사랑해서 하는 결혼이라는 개념도 생겨났다. 인간의 권리라고 정확하게 인식되진 않았다고 해도, 최소한 사랑해서 하는 결혼이 가능하다는 개념이 나타난 것이다. 이전에는 당사자의 요구를 넘어 여러 사람의 요구를 충족시키거나 가족, 교회, 고생스러운 농촌 생활에 맞는 배우자를 찾았지만 이제는 다양한 요구를 충족하는 배우자를 선택하려는 분위기가 형성됐다.

식민지 시대의 뉴잉글랜드에서도 비슷한 변화가 일어났다. 당시의 행동 지침서는 18~19세기 연애와 가사를 둘러싼 태도의 변화에 비교적 날카로운 통찰력을 제공했다. 1791년에 초판이 발간된 에티켓 입문서인 《젊은 숙녀에게 보내는 편지Letters to a Young Lady》에서 저자 존 베넷John Bennett 목사는 오늘날의 자기계발서에도 어울릴 만한 최적의 배우자 선택 기준을 제시했다(지금과 마찬가지로 이런 종류의 책은 독자에게 시대에 맞는 에티켓을 알려주면서 생산적이고 실용적인 선택을 할 수 있도록 조언하기 위해 쓰였다).

코네티컷주 전도사인 베넷은 여성이 남편을 선택할 때 경제적 현실을 절대적으로 고려해야 한다고 제안한다. 그러나 재정적 안정과 '더불어' 미래 배우자의 예의범절도 주시해야 하며, 특히 후자가 더 중요하다고 강조한다. 품성이 올바른 배우자는 만족감을 준다는 것이 그의 주장이다. 성직에 있는 사람의 주장이기에 사실 전혀 놀라울 게 없다. 그런데 베넷은 남편감을 찾을 때 "경제력을 반드시 고려해야 한다"라며, 지속 여부를 알 수 없는 관계에서는 특히 더 중시해야 한다고 썼다. "후손을 위한 준비도 제대로 못 하면서 사랑을 논하는 것은 어리석은 일이다."

그런 한편으로, 마음에 두고 있는 남성이 괜찮은 사람이라면 '제대로 된 준비'에 대한 구체적인 기준을 낮추라고 조언하기도 한다. 여성은 미래 남편을 개인 자산을 늘려주는 미개척 우물로 삼지 말아야 하며, 괜찮은 남성은 자유롭게 거래할 수 있는 상품이 아니라는 메시지를 은연중에 전하는 셈이다. "미덕과 애정에는 만족감을 불러일으키는 놀라운 힘이 있다"라고 베넷은 썼다. 다시 말하면 이런 것이다. '숙녀 여러분은 자신에게 주어진 사회적 맥락에 맞는 장점을 지녔으며, 이를 바탕으로 명성을 더해갈 믿을 만한 부양자를 찾길 바란다. 다 잘될 것이다!'

이 실용적이고 친근한 시각은 신생 미국에만 존재하는 게 아니었다. 1824년 런던에서 출간된 엘리자베스 란페어Elizabeth Lanfear의 《세상으로 진입하는 젊은 숙녀에게 보내는 편지Letters to Young Ladies on Their Entrance into the World》는 '착한 남자'를 더 구체적으로 밝혔다. 란페어의 시각에 따르면 "애정은 (…) 가정을 돌보는 데 달콤함을 더해주는 필요 요소가 될 수 있다." 하지만 많은 남자 중에서 남편감을 고를 때 감정은 필수가 아니라 있으면 좋은 것으로 여겨야 한다고 했다. "중대하고 돌이킬 수 없는 약속을 하기 전에 여성이 가장 먼저 중요하게 고려해야 할 점은 인생의 위대한 여정에서 동료 여행자가 될 사람의 성격, 도덕적 자질 그리고 지적 재능이다."

결혼을 이 세상에서의 경험을 공유하는 여행으로 이미지화하는 것은 인류 평등주의를 온건하게 실천하는 것이지만, 연애를 열정적으로 추구하는 자세라고는 볼 수 없다. 또한 기혼 여성이 본질적으로 남편의 연장선이라는 법적 현실을 반영하지도 않는다. 그렇다면 구식 성적 욕구는 이런 결혼 구성 중 어느 부분에 끼어야 할까?

18세기의 저작권은 오늘날의 저작권과 같았다고 볼 수 없기에 한 행동 지침서에 나오는 구절이나 장이 다른 수십 종류의 책에 토씨 하나 바뀌지 않고 옮겨지기도 했다. 그래서 어떤 순간의 사회적 규범을 해석한 한 사람의 생각이 수십 년이 지나 시대가 바뀌어도 일반적으로 받아들여지는 기준으로 재생산됐다. 1830년대에서 1850년대 사이에 출간된 남성과 여성 양쪽을 대상으로 한 수많은 행동 지침서에는 다음의 경고가 언급되어 있다. 장기간 수없이 복사된 것으로 보아 당시 여성성에 대해 흔히 갖고 있던, 그리고 우리도 여전히 떨쳐내지 못하고 있는 견해임을 알 수 있다.

> 대부분의 여성은 로맨틱한 사람으로 보이고 싶어 한다. 이 경향은 젊거나, 예쁘거나, 똑똑하거나, 세련된 여성에게만 국한된 것이 아니다. 로맨스는 실로 여성의 매력이라고 할 수 있다. [하지만 그것은] 많은 어리석은 이들의 마음과도 연관된다.

남성과 여성 모두를 대상으로 남성 작가와 여성 작가가 재생산해왔으며, 표면상 좋은 뜻으로 적었을 이 구절에는 해독해야 할 부분이 많다. 우선 여성이 남성보다 더 강렬하게 '사랑에 빠진다'

고 느끼도록 생물학적으로 정해졌다고 가정한다는 점이다. 그리고 이 가정은 추정된 성별 간 불균형을 '어리석음', 즉 판단상의 결점이자 성격상의 결점으로 여긴다. 그리고 남성이 여성에게 그토록 끌리는 이유 중 하나가 바로 여성의 어리석은 감정이라는 것이다. 결국 그런 감정 때문에 여성의 이성 능력은 열등하며, 따라서 그런 감정에는 무엇이 최고인지 반복해서 알려줘야 한다고 말한다. 우리를 위해서 말이다.

여성의 이른바 '타고난 특성'과 억압을 효과적으로 일치시키라는 견해는 퇴보한 생각으로 보일 수 있다. 그런데 이런 식의 설명이 때로는 여권 신장을 위해서라고 위장된 채 오늘날 토론에서도 재활용되고 있다. 1830년대 행동 지침서에 나오는 성별 특징을 반영해 여성의 특성을 무시하는 것과 2010년대 중반에 출간된 베스트셀러 자기계발서에 예시로 나오는 가정 사이에는 큰 차이가 없다. 대표적인 예가 페이스북 COO 셰릴 샌드버그Sheryl Sandberg의 《린인》이다. 이 책에서는 여성의 지속적인 직장 내 불평등이 부분적으로는 자기변호에 실패했거나 '린인Lean-in(적극적으로 들이밀기)'에 실패해서라고 이야기한다. 앞서 인용한 구절과 비교해보더라도, 이후 2세기 동안 연애에 대한 시각이 거의 진화하지 않았음을 확인할 수 있다.

우리는 여전히 여성은 구애를 요구하는 마음과 연관시키고, 남성은 구애를 위해 서투르게 접근하는 모습과 연관시키는 경향이 있다. 굉장한 영향력을 미친(그리고 널리 비웃음을 샀다고도 볼 수 있는) 존 그레이John Gray의 《화성에서 온 남자 금성에서 온 여자》는 5,000만 부가 넘게 팔렸다. 이 책은 성 본질주의를 전제로, 여성은 빛나는 갑옷을 입은 기사가 자신을 구해주길 기다리는 궁정연애 풍습을 무의식적으로 되풀이한다고 주장했다.

나와 같은 밀레니엄 세대 중 연애 관계를 이해하는 데 도움을 준 책으로 《화성에서 온 남자 금성에서 온 여자》를 언급하는 사람은 단 한 명도 없었다. 그러나 우리가 이런저런 소셜미디어를 돌아다니며 멍하니 클릭을 반복할 때, 그 미디어들은 단순한 흑백논리로 정체성과 인간관계를 평가하도록 유도한다. 예컨대 잡지 〈코스모폴리탄〉에 실린 '남자가 생각하기에 로맨틱하지만 사실은 그렇지 않은 것 아홉 가지9 Things Guys Think Are Romantic, but Aren't'라는 제목의 기사나 뉴스 및 엔터테인먼트 웹사이트 버즈피드Buzzfeed에 올라온 '남자들이 사과의 꽃다발을 바치는 일을 그만둬야 하는 이유는 바로 이것이다This Is Why Guys Should Stop Giving "I F**ked Up" Flowers' 같은 기사가 인터넷을 떠돌아다니면서 여성은 감정적이고 남성은 무감각하다는 암시를 반복한다. 그럼으로써 여자들이 하트 모양의 눈을 한 채 남자들이 결국에는 자신의 감정을 알아줄 거라고 기대한다는 고정관념을 강화한다.

감정적으로 불일치하는 이 단순한 성별 관념은 너무나도 널리 퍼져 있어서 나조차도 남자친구가 내 감정적 기대치를 만족시키지 못하면 실망감을 느끼기도 한다. 보편적인 진리에 저항하면서도 가끔은 '내가 로맨틱하지 않아서'라고 생각하게 될 때도 있다. 하지만 남자친구를 사귈 때마다 '끝내야겠어'라고 마음먹는 이유는 상대가 내 감정적 욕구를 충족시키지 못해서도 아니고, 애초에 남자들이 여자들의 욕구를 이해하는 역량이 부족하다고 생각해서도 아니다. 오히려 나는 남자와 여자가 사회화 과정에서 서로 다른 능력을 계발하게 된다는 견해를 받아들이고 있다. 그중에서 상대가 화를 덜 내게 하는 기술을 익히는 쪽은 여성이고 말이다.

실생활에서 인류의 영역은 광대하고 다각적이다. 성 자체를 본질적으로 타고난 해부학상의 양자택일로 보는 개념은 사회 이론가들과 사상가들에 의해 점차 해체되고 있다. 사회가 성별로 정의되는 정서적·경제적 노동 역할을 점점 덜 따르기 때문에, 그 분류 체계에서 개인이 벗어나게 되는 어느 정도의 발전도 점차 이루어지고 있다. 현재는 이렇게 변하겠다는 결심에 정치적 함의와 사회적 영향, 배척과 폭력의 위협이 따른다. 하지만 그렇게 되지 않을 날이 올 것이다. 존 그레이가 2017년에 내놓은 후속작에서 일부 내용을 빌리자면, 오늘날 연인들은 성별이 구분된 '롤role 메이트'가 아닌 '소울soul 메이트가' 되기를 기대한다. 동등한 정서적 자아실현을 향한 의식적인 기대는 생계를 책임지는 남성 가장의 짝으로서 가족을 돌보는 아내라는, '정상 가족'이라는 이상적 욕망을 완전히 밀어내게 됐다. 이러한 동력의 근원은 계몽주의 시대에 생겨나 산업혁명 직후에 결실을 봤다.

시장 기반 경제가 유럽과 아메리카 대륙 전역에 걸쳐 부르주아를 양산하면서 이전에는 귀족에 국한되어 있던 구애라는 겉치레가 점점 더 많은 남성과 여성에게 퍼져나갔다. 여성은 사회로 '진출'했고 남성은 이런 여성을 쫓아다니며 구혼했다. 여성은 인위적으로 부풀려진 의식을 따르며 구혼을 받아들이거나 거절할 수 있었다.

남성을 행동하는 자, 여성을 행동을 받는 자로 나누는 이분법에서 우리가 빠져나왔느냐 아니냐는 관점에 따라 달라진다. 그러나 이렇게 짧은 기간에 우리에게 사랑의 이상을 실현할 기반이 주어졌다고 믿기는 어렵다. 또한 수십억 달러 규모의 데이트 산업과 그보다 더 수익이 높은 결혼 산업 사이에서 모든 여성은 자신의 행복한 결말을 쓰는 작가가 될 수 있다고 믿기도 어렵다. 자율성에는 큰 책임이 따른다. 정확하게 옳은 것을 선택하거나 아니면 가슴이 시키는 대로 따를 자유를 포기하거나 둘 중 하나를 택해야 하는 책임 말이다.

역사적 렌즈를 통해 본다면 제인 오스틴의 작품은 더욱 신랄해진다. 결혼과 사랑이라는 개념이 동시에 바뀌던 시대에 구체적인 내용을 다뤘다는 점에서 오스틴의 작품은 2세기가 지난 오늘날까지도 꽤 만족스러우며 친근하기까지 하다. 안정감과 더불어 사랑을 위해 결혼하는 것은 당시만 해도 당연한 일이 아니었다. 부담스럽고 스트레스가 많은 일이었다. 특히 《오만과 편견》은 배우자를 선택하는 기술을 희귀하면서도 적절한 양면성으로 표현했다.

이 작품에는 지나칠 정도로 불행한 베넷 부모의 결혼 생활도 묘사되어 있다. 코믹하게 그려진 비참한 이 커플의 스토리는 핵심 줄거리는 아니지만, 이 부부의 경고 메시지는 딸들이 각자 짝을 찾는 여정에서 내적 갈등을 겪게 한다. 베넷 씨는 부인에게 재정적으로 기대는 인물이고, 베넷 부인은 매우 어리석다. 이 부부 사이에는 대등한 관계가 존재했던 적이 없다. 책을 좋아하지만 경제적 능력은 없는 베넷 씨는 청년의 변덕스러운 마음으로 아름답지만 멍청한 아내와 결혼했다. 그리고 이어지는 세월을 자기 서재에서 곰곰이 생각에 빠지거나 아내와 딸들을 비웃으며 우울하고 시무룩하게 보낸다. 하지만 엘리자베스만은 특별한 애착을 가지고 대하면서 자기가 저지른 실수를 피하라고 경고한다.

"네가 남편을 진정으로 존경하는 게 아니라면…, 너의 생기 넘치는 능력은 불평등한 결혼 생활에서 널 아주 큰 위험에 빠뜨릴 것이다. 치욕과 고통에서 벗어나기 어려울 거야."

오스틴은 반대되는 성격에 재산 측면에서도 차이가 큰 베넷 부부가 처음부터 서로에게 맞지 않는 짝이라는 걸 분명히 드러냈다. 이 부주의한 결합은 우스꽝스럽거나 별난 삶도 아니다. 베넷 부인은 자기보다 재산이 적은 사람과 결혼했기 때문에 딸들의 미래 남편감들을 제대로 대접할 수 없게 된다. 하지만 이보다 더 강조하고 싶은 부분은 특별히 존경하지도 않고 함께 있는 것이 즐겁지도 않은 사람과 20년이 넘게 부부로 살아온, 우울하고 고립된 삶을 사는 베넷 씨다. 베넷 부인은 자신을 견뎌주지 못하고 이해도 할 수 없는 남편의 가시 돋친 말을 평생 듣고 살아간다. 양쪽 인물에게는 지옥이나 마찬가지인 삶이며, 이는 오스틴이 독자에게 주는 경고이기도 하다.

베넷 부부의 결혼은 중세 이후 문학 역사상 가장 시끄럽게 펼

럭이며 위험을 알리는 붉은 기 중 하나다. 남편과 아내는 서로의 피상적인 매력에 기반해 충동적으로 결합한 대가를 치르는데, 이런 결과가 좋을 리 없다. 베넷 씨가 엘리자베스에게 '불평등한 결혼'은 하지 말라고 조언하는 부분은 깨달음의 순간이자 우리 주인공이 따르는 길잡이별이 된다. 불신과 불행은 존재의 이상적인 상태라고 볼 수 없으며, 자신이 존경하지 않는 사람과 결혼한다면 분명히 그런 운명에 빠질 것이다.

오스틴의 작품은 사회를 그대로 비추는 전신 거울이다. 대부분의 혁명적 사회 발전과 마찬가지로 순수한 실용주의를 기반으로 한 이상적인 결혼에서 사랑을 기반으로 한 결혼으로의 전환은 즉각적으로 이루어지지 않았다. 연애에 대한 자율성을 막 이해하기 시작한 사람들은 잘못된 배우자를 선택하게 될까 봐 두려워했다. 연애결혼의 탄생은 오히려 배우자를 선택하는 데에서 위험이라는 의식을 높였다. 오스틴의 작품 속 여주인공들은 자기 계급의 체면을 지키고 가족의 재산을 유지하기 위해 적절한 결혼에 의지해야 하는 지주계급에 속했다. 당시는 남자든 여자든, 자기가 잘못된 선택을 했다고 생각하더라도 재앙이 명백히 드러나지 않았기 때문에 법적으로 해결할 방법이 없었다.

Chapter 3

이상적 결합이라는
결혼의 운명

결혼의 운명은 각자의 특수한 사정에 따라 결정된다. 사랑으로 결혼하는 이상적인 결합은 특권과 권한을 의미하지만, 계몽주의 시대 이후 배우자를 신중하게 선택할 기회가 모든 여성에게 주어진 것은 아니다.

오스틴의 19세기 여주인공들에 해당하는 실제 여성들이 실용주의와 사랑으로 이루어진 결혼에 대해 심사숙고할 때, 미국 남부에 살던 흑인 노예들은 법적으로 결혼하는 것이 아예 금지된 삶을 살고 있었다. 그들은 비공식적으로 결혼 생활을 했는데, 부부 중 한쪽이 다른 농장으로 팔려가 결혼이 깨지는 비율이 다섯 쌍 중 두 쌍에 달했다고 한다. 한 가족의 전 세대가 헤어지고, 일시적으로 모였다가 다시 흩어지는 일도 많았다.

내가 참고한 연구 자료가 영국계 미국인과 영국인 사례에 집중됐다는 점을 고려하더라도, 삶의 모든 영역에서 선택권을 부여하는 기본적인 실존적 자유에 인종과 계급이 어떤 역할을 하는지 인식하는 것은 매우 중요하다.

모든 결합은 사회 기반의 여건 문제와 씨름해야 했다. 19세기 초, 서구 사회의 최상위 특권층에 속하는 사람이라 해도 자신이 사는 지역에 치안판사나 법률 보조원이 꼭 있는 것은 아니었다. 18세기와 19세기 미국 농촌에 정착한 백인 중에는 제대로 된 의식을 치르게 해주는 사무적 또는 재정적 지원을 받지 못해 법적 절차를 밟지 않고 관습혼으로 관계를 맺는 경우가 흔했다. 1753년에 제정된 영국의 결혼법Marriage Act은 합법적으로 결혼신고를 하는 데 들어가는 수수료를 부담하지 않으려고 몰래 결혼하는 것을 금지했다. 그래서 많은 가난한 영국인은 결혼을 하지 않고 동거하는 형식을 택했다.

전반적인 사회 계급층에 걸쳐 여성은 일반적으로 남성에게 부여되는 것보다 기본적인 권리가 더 적었고, 그나마도 결혼하고 나면 누리기가 힘들어졌다.

이론적으로, 18~19세기에는 결혼하지 않은 영국계 미국 백인 여성은 오히려 재산 소유권을 주장할 수 있었다. '남편의 보호를 받는 아내의 신분'에 대항하는 13세기 영국 관습법에 따라 미혼 성인 여성은 결혼하기 전까지 법인격으로 인정받았다. 하지만 결혼과 동시에 여성은 합법적 인격을 상실하고 교회와 법의 관점에서 남편의 확장된 인격체가 됐다. 남편의 보호를 받는다는 명분 아래 여성의 권리는 남편의 권리에 가려졌다. 역사적으로 결혼은 사실상 남편이 아내를 소유하는 과정이었다고 묘사할 수 있는데, 그보다는 여성의 권리를 지우는 과정이라고 보는 것이 더 정확할지 모른다. 결혼과 동시에 여성이 남편의 성姓을 따르는 관례는 남편으로부터 보호받는 아내의 신분이라는 것이 그 기원이라고 할 수 있다. 남편의 보호를 받는다는 암흑시대 관습의 이 상징적인 잔재를 우리는 힘을 모아 흔들어야 한다.

이 관습은 '구세계'와 '신세계'에서 모두 나타났다. 18~19세기 아메리카 식민지에서 결혼한 여성은 주거지와 남편의 상황에 따라 자신의 재산을 소유할 수도 있었다. 예를 들어 1771년부터 당시 펜실베이니아 식민지에서는 여성이 자신의 이름으로 재산을 등록할 수 있었지만, 이는 배우자가 그 재산을 관리할 수 없는 경우에만 해당했다. 1848년 뉴욕에서 통과된 기혼여성재산법Married Women's Property Act은 여성이 미혼 때 획득한 재산을 결혼 후에도 자신의 것으로 합법적으로 유지할 수 있으며, 기혼자 신분으로 수입을 얻거나 선물을 받아도 자신의 것으로 보호받을 수 있게 해줬다. 이후 10년간 미국의 그 외 주요 주에서도 유사한 법안이 통과됐다.

현재 캐나다 온타리오주에 해당하는 어퍼캐나다에서는 영국보다 11년 앞선 1859년에 기혼 여성을 위한 재산법이 제정됐다. 1870년 영국에서도 마침내 기혼여성재산법을 통과시키자, 비평가들은 남녀평등을 향한 이 결정이 재산권에만 국한된다 해도 결혼 생활에 큰 혼란을 불러일으키는 것은 아닌지 걱정했다. 사실 영국에서 기혼여성재산법은 1882년이 되어서야 남편과 아내를 각각 독립된 법적 인격체로 인정했다.

다른 생계 수단이 없는 제한된 상황에서 여성이 왜 결혼을 선택하는지는 쉽게 이해할 수 있다. 하지만 재산이 있는 계층의 여성도 자신의 독립성을 포기하고 남편을 택했는데, 그 이유는 무엇이었을까? 중요한 이유 중 하나는 계몽주의 시대 이후 생긴 결혼 찬양과 직접 연관되는, 독신이라는 낙인 때문에 부담해야 하는 사회적 비용이었다. 스테파니 쿤츠는 "(미혼 여성을 뜻하는 영어 단어 'spinster'는) 원래 '실을 잣는spin yarn 여성'이라는 단어였는데 1600년대 이후 결혼하지 않은 여성을 뜻하게 됐다"라고 했다. 그리고 1세기가 지난 후 '노처녀'라는 부정적인 의미로 굳어 현재까지 이어오고 있다. "결혼한 여성, 즉 아내를 숭배하는 이면에서 발생한 반작용이다"라고 쿤츠는 설명한다.

그리고 이 숭배는 실재했다. 사랑이 넘치는 이상적인 결혼이라는 개념이 등장하면서 여성이 즐거운 가정생활을 위해 노력해야 한다는 사회적 압박이 증가했다. 결혼과 가족은 주로 의무감에 기반한 존재와는 대조되는, 순전히 성취를 위한 공간으로서 여성의 영적 자아실현을 위한 무대가 됐다. 어떤 면에서 계몽주의 이후 아내라는 신분은 21세기에 와서는 특정 형식의 맘 블로그나 라이프스타일 인스타그램 계정을 통해 여전히 비슷한 모습을 드러내고 있다. 이 온라인 세계에서는 무통주사 없이 집에서 태어난 아이의 이야기가 평온한 모성을 상징하는 잘 꾸민 사진으로 대중에게 소개되지 않는가.

자유가 있고 재산이 있는 여성이 결혼에 목매는 가장 그럴듯한 이유는 딱히 놀랍지도 않다. 역사를 통틀어 세속적인 삶을 사는 여성의 운명은 아내와 어머니가 되는 것이라고 믿도록 길러지니 말이다. 여성의 자아는 늘 다른 사람과의 관계로 정의됐다. 남편이 없다면 여성의 존재에 도대체 무슨 의미가 있단 말인가.

게다가 섹스 문제도 있다. 미혼 여성이 남성의 육욕적인 덫에 걸렸을 때 여성에게 도덕적 분노가 집중됐으며, 때로는 여성의 인생이 끝장나기도 했다. 특히 아이가 생겼다면 그 무분별한 행동은 사회적 지탄을 받았다. 이런 상황에 처한 여성 대부분은 종교 자선단체라는 허울 좋은 도피처나 미혼모 시설에 수용됨으로써 사회에서 효과적으로 제거됐다. 그녀들은 남은 평생을 오점을

에두아르 마네Edouard Manet, 〈라퇴유 영감의 가게에서Chez le père Lathuille〉, 1879년

⋮

미혼 여성이 남성의 육욕적인 덫에 걸렸을 때,
모든 문제의 원인은 여성에게 집중되었다.

안고 살았다. 메리 울스턴크래프트Mary Wollstonecraft는 혼외 자식을 낳기 1년 전인 1792년에 《여성의 권리 옹호》에서 당시의 사회상을 매섭게 비난했다. 그녀는 이렇게 썼다.

"나는 거의 모든 사회적 덕목의 기초가 되는 결혼을 매우 존중한다. 하지만 사회에서 외면받는, 단 하나의 잘못으로 마음과 감정을 낮게 해줄 모든 애정과 관계로부터 격리된 불행한 여성을 향해 깊은 동정심을 가질 수밖에 없다."

방심한 사이 자신에게 접근한 남성에게 진심으로 사랑에 빠졌다고 믿었을 어느 젊은 여성을 이렇게 배척하는 것은 부당하다고 울스턴크래프트는 생각했다.

'파멸한' 여성은 이른바 자선기관으로 가야 했지만, 그렇다고 불행한 기혼 여성의 운명이 나았다고 볼 수도 없다. 19세기 중반까지 보통 사람 중 이혼이라는 제도를 아는 사람은 없었으며 여성은 간통, 정서적 학대 그리고 어느 수준의 신체적 학대조차 결혼의 의무라는 이유로 견뎌야 했다.

1857년에 제정된 이혼법Matrimonial Causes Act으로 마침내 영국에서는 처음으로, 결혼이 취소되어야 하는 명백한 사유가 있는 경우 법원에서 이혼 소송 사건을 심리할 수 있도록 제도화됐다. 하지만 이혼은 여자보다 남자에게 훨씬 쉬운 일이었다. 이 법령은 남성에게만 아내의 간통을 근거로 이혼을 신청할 자격을 부여했다. 반면 여성은 남편이 이중 결혼, 근친상간, 학대 또는 가족 유기와 '더불어' 간통을 저질렀다고 증명해야만 했다. 캐나다 역사학자인 엘리자베스 애벗Elizabeth Abbott은 어쨌거나 이 법이 등장함으로써 이혼이 50배 증가했다고 밝혔다. 그러나 약 60만 명의 여성은 이 법령이 '영국이 수립된 때부터 고수한 파기할 수 없는 결혼에 대한 개념'에 위반된다는 점을 내세워 빅토리아 여왕에게 반대 청원을 했다. 결혼이 깨지지 않길 바라는 마음은 크게 볼 때 문화적인 움직임에서 비롯됐을 것이다. 더욱이 자기 재산을 상속받을 수도 없고, 이혼할 경우 남편의 재산 일부라도 받을 수 없는 여성으로선 결혼에서 간단히 탈출할 수 있는 방법에 반대하는 것이 당연한 일일 것이다.

　미국의 예를 보면 1840년 이전까지는 학대를 이혼 사유로 인정하는 주는 거의 없었으며, 1840년이 되어서도 배우자 간 학대 여부는 법적인 해석에 좌우됐다. 이혼 사유로서의 '학대'에는 신체적 폭행이나 위협이 포함되어야 했다. 하지만 미국의 역사학자 로버트 L. 그리스월드Robert L.Griswold는 기록에 따르면 당시 미국과 영국의 많은 여성이 신체적 폭행이나 언어적 폭행, 때로는 둘 다

해당하는 강력한 증거를 제공했음에도 이혼 신청을 거부당했다고 말한다. 1836년 뉴햄프셔주 고등법원은 "드높고 과감한 남성적인 정신과 남편의 정당한 권위 앞에 항상 복종할 자세가 돼 있지 않다"라는 근거로 어느 여성의 이혼 신청을 기각했다. 이 여성의 남편은 아내를 지하실에 가두고 음탕한 말을 내뱉으며 채찍으로 때리곤 했다. 법원은 이 여성의 아내답지 않은 행실 때문에 생긴 일이라며 본인이 행동을 달리하면 상황을 개선할 수 있다고 판단했다.

여성의 권리를 쟁취하기 위한 운동이 일어나면서 '사랑을 기반으로 한 이상적인 결혼'에 관한 개념이 널리 퍼졌고, 19세기 후반이 되어서야 학대에 관한 법적 해석이 확장되어 눈에 덜 띄는 혹사 행위도 학대에 포함됐다. 1860년에 이르러서는 습관적으로 술에 취하는 남편과 이혼하는 것이 대부분의 주에서 가능해지기도 했다. 그리고 1880년대부터는 정신적 고통 역시 이혼 신청 사유로 받아들여졌다고 그리스월드는 기록한다. 이는 가족이 지닌 가치, 성 역할, 사회 계급, 정서적 건강 등의 상호작용을 더 깊이 이해하게 됨으로써 얻은 결과다.

법원이 새롭게 인정한 정신적 고통은 당시 부르주아 계층의 고민과 일치했으며, 점점 세속화·도시화·산업화되는 사회에서 여성의 역할에 대한 계속되는 논쟁과도 연관됐다. 19세기에는 육체와 정신의 관계에 새롭게 주목했는데 남성의 경우 '신경쇠약'으로, 여성의 경우 '히스테리'로 표현했다. 증상을 이렇게 성별로 나눠 해석하면서 전자는 남성의 지성에 대한 것인 반면, 후자는 여성이 본래 타고난 것보다 더 많은 것을 가지려 함으로써 나타난 결과로 간주했다.

히스테리를 다루는 연구 보고서는 19세기 말부터 점점 많아졌다. 이는 여성 참정권 운동을 포함하여 양성평등을 향한 움직임이 커지면서 생겨난 현상이다. 프랑스 신경학자 장 마르탱 샤르코Jean-Martin Charcot는 '노이로제의 나폴레옹Napoleon of neuroses'이라는 이름을 붙인 최초 연구에서 뇌와 정서적 고통 간의 연결을 과학적 근거로 제시했다. 그리고 이는 지크문트 프로이트Sigmund Freud의 초기 연구에 엄청난 영향을 미쳤다. 하지만 정서적 안녕을 우위에 두는 것은 여성에게만 주어지는 특권으로 여겨졌다. 여성에게는 여전히 즉각적인 물질적 필요가 중요한 문제였음에도 말이다.

정신적 학대를 근거로 한 여성의 이혼 신청을 점점 더 받아들이는 추세가 됐다고 해도 중하층 여성에겐 먼 남의 일이었다. 기본적으로 사법제도는 남성의 손을 들어주었고, 사회적으로는 빈곤을 약한 정신력의 결과로 간주했다. 그리고 모든 사회경제적 계층에서 여성은 남성에 비해 취업 기회가 적었고 급여 역시 훨씬 적었다. 독립적인 금융 안전망이나 자신을 받아줄 친척이 없는 여성은 남편과 헤어지게 될 경우 절망에 빠지기가 쉬웠다. 재정적 지원을 위한 최후의 방안으로 이혼 소송을 활용할 수 있었으나 이러한 결정은 큰 사회적 비용을 야기했다.

아내 또는 어머니의 목소리가 높아지면서 생긴 부작용 중 하나는 여성의 이혼 결정이 극단적인 오점을 낳게 된다는 점이었다. 여성학자 조이스 W. 워런Joyce W. Warren에 따르면 1848년 뉴욕주 세니커폴스에서 여성권리대회에 참가한 초기 페미니스트들마저도 결혼을 쉽게 끝낼 수 있게 하는 데 완전히 동의하지 않았다. 많은 사람은 이혼을 여성운동의 목적으로 삼을 경우 운동의 성격은 반反가족이 될 것이며, 따라서 참정권 운동에 방해가 되리라고 생각했다. 결혼이 세속화되면서 배우자로서 사는 삶은 신성한 약속이 아닌 단순한 계약으로 인식이 바뀌었고, 따라서 다른 요소들도 운동의 목적에서 밀려났다.

미국의 사회운동가 엘리자베스 캐디 스탠턴Elizabeth Cady Stanton은 1884년에 쓴 〈진보적인 이혼법의 필요성The Need of Liberal Divorce Laws〉이라는 글에서 동료 페미니스트들만이 아니라 일반 대중의 마음도 얻으려고 했다.

"이혼은 결혼의 적이 아닙니다. 간통, 난폭함, 음탕함이 결혼의 적입니다. 이혼이 결혼의 적이라고 하는 것은 의학이 건강의 적이라고 하는 것과 마찬가지입니다."

스탠턴의 글은 일리가 있었고 여성들 역시 그 점을 이해하기 시작했다. 불행한 결혼 생활을 지속해야 한다는 사회경제적 압박에도 불구하고, 19세기 중반에서 20세기 초반 사이에 이혼율이 기하급수적으로 증가했다. 하지만 지금과 마찬가지로 그때도 배우자와의 관계에 관한 결정을 내릴 수 있는 자유는 모든 여성이 누릴 수 있는 게 아니었다.

Chapter 4

선택 가능한
사랑이라는 환상

1857년에 일어난 드레드 스콧Dred Scott 판결을 혹시 알고 있는가? 나는 고등학교 교과서에서 처음으로 알게 됐다. 그 판결은 미국 남북전쟁을 촉발한 일련의 사건을 다루는 장에 메모 형식으로 기록돼 있었다. 드레드는 주인과 함께 노예제도가 없는 일리노이주와 위스콘신 준準주에서 살다가 미주리주로 가게 됐다. 미주리에는 노예제도가 있었기에 연방 대법원에 자신이 자유 신분임을 제소했지만 인정받지 못했다. 다만 그는 민사상으로 결혼을 인정받고 있었는데, 이것이 한 개인으로서 양도할 수 없는 그 밖의 법적 권리를 부여했느냐 아니냐에 대한 논쟁을 불러일으켰다.

　드레드는 노예제도가 불법인 곳에서 거주한 경험을 노예 신분에서 해방됐다는 근거로 법정에 제시했다. 로저 토니Roger Taney 대법원장은 드레드의 자유를 인정하지 않는다는 판결을 내리면서 "(흑인에게는) 백인처럼 존중해야 하는 권리가 없기 때문"이라고 밝혔다. 토니 대법원장은 노예를 자유 지역으로 데리고 갈 수는 있으나 흑인은 자유로운 미국 시민권자 대우를 결코 받을 수 없다고 했다.

내가 고등학교 때 배운 것처럼 드레드 스콧 판결은 미국 남북전쟁을 일으킨 주요 촉매 중 하나로 알려져 있으며, 오늘날에도 계속해서 이러한 시각으로 언급된다. 하지만 미국에 노예제도가 있었던 기간과 노예제도 폐지 이후 흑인들의 가족 형성에, 특히 결혼에 법적 함의가 있었는지도 살펴볼 필요가 있다.

1837년 위스콘신 준주 포트 스넬링에서 해리엇 로빈슨Harriet Robinson과 드레드 스콧의 결혼식이 진행됐다. 이 결혼식은 미군 소령 로런스 톨리버Lawrence Taliaferro가 주재했다. 톨리버는 인디언 관리관으로 미국 서부 지역의 요새화를 담당하고 있었다. 그는 정부가 이 지역에 관심을 기울이도록 유도하면서 아메리카모피회사American Fur Company 상인들과 그 지역에 사는 북미 원주민 부족인 오지브와족, 다코타족 간의 관계를 중재했다. 톨리버는 전초부대에서 치안판사로도 활동하고 있었는데, 장로교회 회원으로서 지정된 목사나 신부가 없는 지역에서 교회와 국가를 대신하여 결혼식을 주재할 수 있었다. 그래서 해리엇과 드레드의 결혼식도 진행하게 된 것이다.

신부 해리엇 로빈슨은 톨리버의 노예였다. 엄밀히 따지자면 메이슨-딕슨선Mason-Dixon line(미국이 독립하기 전 펜실베이니아주와 메릴랜드주의 경계 분쟁을 해결하기 위해 만든 선-옮긴이)의 북쪽에 살고 있어서 노예제도가 불법이었지만 말이다. 노예 소유가 허용된 남부 지역을 제외하고, 1804년부터는 노예를 사고파는 것이 금지됐지만 육군은 요새 안과 인근 지역에 한해서 노예를 두는 걸 허용하기도 했다.

신랑 드레드는 군의관인 존 에머슨John Emerson 박사의 노예였다. 결혼식이 끝나자 해리엇 역시 에머슨의 노예가 됐다. 군대에서 맡은 임무 때문에 에머슨은 근무지를 자주 옮겼는데, 스콧 부부의 결혼식을 치르고 얼마 되지 않아 세인트루이스 근처에 있는 제퍼슨 배럭스 군사 기지로 가야 했다. 에머슨은 근무지를 옮기면서 스콧 부부는 데려가지 않고 자유로운 삶을 살도록 했다. 하지만 그 기간은 곧 끝이 났다.

1838년 초 에머슨은 근무지를 또 옮겨 루이지애나주 포트 제섭에서 엘리자 아이린 샌퍼드Eliza Irene Sanford를 만나 결혼했다. 이때 스콧 부부를 불러 함께 살았다. 이후 약 2년간 에머슨 부부는 수가 늘어난 스콧 가족을 데리고 포트 제섭에서 포트 스넬링으로, 이후 세인트루이스로 이동했다.

그리고 1842년, 에머슨이 제2차 세미놀 전쟁에 참여하게 되면서 에머슨 부부는 세인트루이스를 떠나 플로리다주로 이동했다. 세미놀 전쟁은 정확히 말해 플로리다에 사는 세미놀 인디언들이 자신들을 강제로 서부로 이주시키려는 미국 정부에 맞서 일으킨 게릴라 폭동이다. 여기에 수많은 흑인이 동참했다. 에머슨 부부는 어린 두 딸이 있던 스콧 부부를 세인트루이스에 남겨두었을 것으로 짐작된다. 노예를 플로리다 전선으로 데리고 갈 경우 이들이 세미놀 인디언들에게 동조할지도 모른다는 우려가 노예 주인들 사이에 흔했기 때문이다. 주인이 곁에 없는 이 기간에 스콧 가족은 다시 자유를 맛봤을 것이다.

해리엇이 다니는 교회의 목사는 노예제도 폐지론자였다. 1846년, 목사의 설교에 영향을 받은 스콧 부부는 세인트루이스 카운티 순회 법원으로 가서 자기 주인인 아이린 에머슨(존 에머슨은 1846년에 사망했다-옮긴이)을 상대로 자유를 요구하는 탄원서를 각각 냈다. 이 법적 소송에서 스콧 부부는 노예제도가 없는 영토에서 주정부의 허가를 받은 결혼은 부부 모두에게 취소될 수 없는 자유를 부여한다는 주장을 내세웠다. 둘의 소송은 드레드를 중심으로 하나로 합쳐져 연방 대법원으로 넘겨졌으며 1857년에 패소 판결이 났다. 이 판결은 미국 전체에 충격을 안겼다.

이후 법학자들은 원고가 드레드가 아닌 해리엇이었다면 결과가 달랐을지 논의해왔다. 해리엇은 노예제도가 없는 지역에서 더 오래 살았으므로, 소송 당시 자유로운 신분이 드러나지 않았다고 해도 법적으로는 자유인이었기 때문이다. 1997년 리 밴더벨드 Lea VanderVelde와 산디야 수브라마니안 Sandhya Subramanian이 〈예일 저널 오브 로 Yale Journal of Law〉에 기고한 사례 연구에서 그들은 해리엇에게 더 유리한 소송이었다고 밝혔다. 톨리버는 해리엇의 결혼을 허락했을 뿐 아니라 치안판사 신분으로 민사 예식을 주재함으로써 해리엇에게 자유를 줬다고 볼 수 있기 때문이다. 더 나아가 해리엇의 법적 남편으로서 드레드 역시 자유의 몸이 될 수 있었을 것이다. '합법적으로 결혼한 노예'라는 표현은 모순이니 말이다.

미국 남북전쟁 전, 자유 신분이든 노예 신분이든 모든 흑인은 기본적인 인간성과 자유 의지를 체계적으로 억압당했으며 결혼 관계에서도 안정을 누릴 수 없었다. 법적으로도 그렇고 실제로도 그랬듯, 흑인에게 자유란 살면서 일시적으로 가져볼 순 있지만 완전히 가질 수는 없는 것이었다. 한 세대가 자유의 몸이었다고 하더라도 다음 세대 역시 그럴 거란 보장은 없었다. 이처럼 불안정한 상황에서도 노예와 자유 신분인 흑인 간에 결혼하는 일이 여전히 있었다. 결혼식까지 올리진 않더라도 일종의 결혼 형태로 이뤄졌다.

일반적으로 노예끼리 하는 결혼은 법적으로 인정받지 못했다. 법은 노예를 사람으로 인정하지 않았기 때문이다. 하지만 남북전쟁을 지나면서 일부 사법권에서는 노예 결혼에 관해 당시 제도보다는 약간 더 인간적이라고 볼 수 있는 입장을 취했다. 1819년 루이지애나에서 내려진 판결에 따라 노예에게 이른바 '도덕적 결혼'을 할 수 있는 권리가 부여됐다. 물론 주인의 동의가 있어야 했다. 그리고 노예 해방 이후에는 완전한 민사적 결혼으로 인정받게 됐다. 테네시주도 비슷하게 사실상 노예 간 결혼을 허용하기 시작했다. '노예의 상황을 개선한다'라는 의도 아래 해당 노예 주인의 마음에 따라 결혼이 이루어지거나 끝날 수 있다는 조건을 달기는 했지만 말이다.

이 정도의 발전이 있었다고 해도 남부 지역에 사는 아프리카계 노예들은 여전히 주인에게 속한 재산이었다. 공민권도 없었고, 자유인이 누리는 기본 권리를 인정받지 못했다. 게다가 결혼으로 보호받을 수 있는 재산 소유권도 없었다. 이를테면 '그들 자체가 재산인데, 재산이 재산을 갖는다니 말이 안 되잖아?' 식의 논리였다.

합법적인 조치와 불법인 활동이 나누어져 있었음에도 많은 노예 주인들은 비공식 노예 결혼을 허락하고 권장하기까지 했다. 오늘날을 사는 우리에겐 놀랄 일도 아니지만, 주인들의 이런 관대함은 이타주의가 아니라 경제적인 이기주의에서 나왔다. 노예 남편은 아내와 가족을 부양하기 위해 사냥이든, 낚시든, 직접 만든 물건을 팔든 할 수 있는 것은 무엇이든 했다. 아내는 가족의 옷을 깁고 내다 팔 채소를 재배하기 위해 밭을 가꾸었다. 노예끼리 결혼하여 이처럼 서로 의존하며 살아가기에 주인으로서는 노예에게 제공해야 하는 음식이나 옷 등의 물질적 부담을 덜 수 있었다.

결혼은 또한 자기 노예를 기독교 신자로 만들고자 하는 주인의 의도에도 안성맞춤이었다. 지배와 정복의 대상을 기독교화하는 경향은 역사의 기록에서 많이 볼 수 있다. 서구 유럽에서 온 개척자들과 그 후예들이 종교를 활용해 토착민의 땅과 재산과 삶을 잔인하게 빼앗았던 것처럼, 미국 남부의 성직자들 역시 노예제도를 지키기 위해 성서를 활용했다.

1850년, 손턴 스트링펠로Thornton Stringfellow 침례교 목사는 노예제도가 수백만 명의 흑인에게 "복음의 영향"을 받게 해줬다면서 노예제도가 없었다면 흑인들은 "영원한 파멸의 늪에 빠졌을 것"이라고 주장했다. 이러한 논리에 따르면 노예제도는 야만의 탈을 쓴 영원한 구원이라는 선물이 된다. 노예 주인은 자기 노예가 비공식적으로 기독교 결혼식을 치르도록 유도했다. 그럼으로써 노예의 생식 능력을 지배해 궁극적으로 자기가 소유하는 인력을 증가시켜 추가적인 이익을 얻게 됐다. 그렇다고 노예가 배우자를 선택할 권리를 가진 건 아니었고, 이 역시 주인의 뜻에 따라야 했다.

또한 노예 주인은 자기 뜻대로 노예 가족을 해체할 권한이 있었고, 그런 일은 실제로 자주 일어났다. 1849년 버지니아주 리치먼드에서 필라델피아로 이동해 자유를 얻은 헨리 '박스' 브라운 Henry 'Box' Brown은 나중에 이렇게 썼다.

"어떤 노예 남편도 자기 아내를 단 한 시간만이라도 아내로서 대할 수 없었다. 어느 노예 아내도 자기 남편에 관해 확신할 수 없었다. 매정한 노예 주인이 내킬 때마다 부부간 깊은 애정은 무시당했고 서로에게 충실한 마음은 잔인하게 멸시당했다."

개인의 자유가 없는 상태에서 하는 기독교식 결혼은, 노예를 소유하는 백인 사회 안에서 어느 정도 사회적 자본의 모습을 보였을 수도 있다. 역사가 테라 W. 헌터 Tera W. Hunter 는 이렇게 썼다.

"기독교 교회의 구성원들은 그들의 결혼에 대한 지역 사회의 인정을 확인하고, 분쟁 해결을 위한 자리를 제공했다. 또한 명예롭지도 않고 기독교 정신에도 어긋나는 노예 주인에 의한 가족 해체에 대해 다시 한번 생각하게 했다."

노예를 부림으로써 그들의 노동으로 물질적 이득을 얻는 주인 중에는 금전적 욕심이 기독교 정신을 넘어서는 이들도 많았다. 그럼에도 노예제 폐지론자들은 물질적인 부분보다는 가족의

이스트만 존슨Jonathan Eastman Johnson, 〈남부의 흑인생활Negro Life in the South, also known as My Old Kentucky Home Life in the South〉, 1870년

남부 지역에 사는 아프리카계 노예들은 주인에게 속한 재산이었으며, 자유인이 누리는 기본 권리를 인정받지 못했다.

해체라는 지점에 감성적으로 호소했다. 한 예로 장로교 목사인 조지 B. 치버George B. Cheever는 1858년 미국노예제폐지협회American Abolition Society에서 한 연설에서 "인류 중 가장 비참하게 버림받은 미국 노예들"에게 남편은 자기 아내를 사랑하라는 "신성한 명령"이 노예 주인들 탓에 왜곡되고 금지됐다며 이렇게 울부짖었다.

"[노예 남편에게] 사랑은 금지됐다. 허락된 것은 오로지 시장가격, 주인의 필요, 노예제도의 위대한 통치를 따르는 것이었다."

치버의 말이 맞았다. 노예 소유에 내재된 비인간성이 사회 제도의 역할을 한다는 것이다. 당시 모든 사람이 이것을 알고 있었는지 아닌지와는 상관없이, 노예 소유자가 명확하게 비기독교적으로 노예 가족을 대한다는 건 분명했다.

하지만 이런 태도에 이의를 제기하기는 어려웠다. 결국 노예제도에 동의하는 성경의 위선을 누그러뜨리기 위해 교회가 자신을 왜곡했다고 헌터는 썼다. 일부 교회에서는 민법과 성서 법을 무시하고 노예 결혼을 허락했는데, 이 결정은 아이러니하게도 노예에게 정식 부부 관계를 허용함으로써 비정상적인 수준의 관용을 베풀어준 셈이 됐다. 예를 들어 노예 부부가 이혼하는 것은 일반 자유인이 이혼하는 것보다 이론상 더 쉬웠다(노예의 결혼은 애초에 민법상 등록되지 않았다는 점을 상기해야겠지만). 재혼 역시 마찬가지였다. 노예들은 자기 가족의 삶에 대해 통제력을 가지고 있지 않았으니 말이다.

기록에 따르면 이혼은 노예에게 그다지 큰 사건이 아니었다. 반면 주인이 노예를 매매하거나 교환함으로써 겪게 되는 가족과의 이별은 매우 큰 사건이었다. 노예 거래가 허용된 주의 경우 노예끼리 결혼한 부부 중 약 3분의 1이 노예 거래에 의해 서로 다른 주로 갈라지는 생이별을 했으며, 같은 방식으로 노예 자식 중 5분의 1이 부모 중 한 명 또는 둘 다와 헤어져야 했다. 약 100만 명의 노예가 장기 계약 방식으로 고용됐다가 다른 노예와 일자리가 교환되거나 다른 농장으로 재분배됐다.

노예 주인이 사망하면 상속인 간에 노예를 나눠 갖는 일도 흔했다. 결혼 선물로 노예를 주기도 했다. 어느 노예를 남게 하고 어느 노예를 보낼지는 백인 주인에게 달려 있었다. 헨리 '박스' 브라운은 살면서 두 번이나 가족과 헤어져야 했다. 첫 번째는 열다섯 살 때로, 주인이 죽자 브라운의 형제자매는 함께 살고 있던 농장을 떠나 상속자들에게 재분배되느라 뿔뿔이 흩어져야 했다. 두 번째는 성인이 되었을 때로, 아내와 아이 셋이 경매에 부쳐져 팔렸다. 가족이 탄 마차가 어디로 가는지도 알 수 없는 목적지를 향해 출발했을 때 브라운도 함께 타고 있었다. 아내의 손을 잡고 몇

킬로미터를 따라간 기억을 그는 다음과 같이 기록했다.

"마음이 감정으로 벅차 있어서 우리는 아무 말도 하지 못했다. 결국 내가 마차에서 내려야만 하는 시간이 왔다. 나중에 천국에서 만날 거라는 증표로 우리가 주고받을 수 있었던 것은 애타는 사랑을 담은 눈길뿐이었다."

브라운이 가족을 꾸리기로 마음먹었을 때 그는 앞으로 어떤 일이 닥칠지 예상하고 있었다. 그는 결혼을 하면서 가족을 지키기 위해서라면 무엇이든 하겠다고 맹세했다. 브라운은 결혼 전 (기독교인인) 주인의 승인을 받았고, 아내 낸시 역시 자기 주인의 승인을 받았다. 이후 낸시와 아이들이 다른 주인에게 팔리자 브라운은 가족의 자유를 돈으로 사들이기 위해 주인과 협상했다. 하지만 주인은 브라운에게 돈을 받고 나서는 무정하게도 배신을 했다. 브라운의 가족을 그대로 팔아버린 것이다. 낙담한 브라운은 노예 신분에서 벗어날 계획을 세웠다. 인간답게 살고자 필사적으로 마지막 시도를 한 것이다.

이런 힘이 노예 가족을 앞으로 나아가게 했다. 노예 부부는 끊임없이 위협에 맞닥뜨렸지만, 대부분이 주인과 배우자의 변덕을 잘 넘기며 살아남았다. 노예를 인간 이하로 취급하는 사회였음에도, 그들은 자신들의 가족 안에서 성장하고 자신들만의 문화를

이스트만 존슨Eastman Johnson, 〈어린 흑인 여자아이The Young Sweep〉, 1863년

노예 제도하에서 가족을 이룬 흑인들의 자식 또한
주인의 노예가 되었다.

공유했다. 노예제도 하에서 결혼으로 이루어진 혈연관계를 형성한 것 자체가 일종의 반란과도 같았다. 노예들은 그렇게 인간다운 대접을 요구하고 사랑할 권리를 주장했다.

이러한 삶은 노예제도의 비관적인 환경에서 보자면 특권이었다. 셜리 A. 힐Shirley A. Hill을 비롯한 여러 학자는 대규모 농장에서 나온 세세한 재산 기록이 부각되면서 '일반' 가정에 속했던 노예들의 삶에 대해 오해가 생길 수 있다고 지적했다. 대부분 노예는 대규모 농장에 살지 않았으며, 다른 농장에 속한 노예들과 관계를 맺을 만큼 농장 간 거리가 가까운 편도 아니었다. 부의 상징인 대규모 농장은 그만큼 흔하지 않았고 작은 규모의 농장에서 일하는 노예들은 재정적 어려움이 생기면 바로 다른 곳으로 팔릴 가능성이 컸다. 따라서 작은 농장에서는 노예 간 결혼보다 주인과 노예의 성관계, 어린 나이의 출산, 엄마 혼자 꾸리는 가족 등의 문제가 훨씬 더 흔했다.

잘 알려진 역사 기록에서는 노예 부부가 해방 후 재결합하려고 노력했다는 부분이 강조되는 반면, 경제적 차이 때문에 생긴 노예 가족의 다양한 경험은 각각 다른 결과를 낳았다고 힐은 언급했다. 힐은 그 증거로 랄리타 타데미Lalita Tademy가 자기 가족의 이야기를 서술한《케인 리버Cane River》를 제시한다.

"노예제도가 폐지되자 그들은 자기 '가족'을 찾으려고 서둘러 움직였지만 자기 '배우자'를 반드시 찾으려는 노력은 하지 않았다."

헨리 '박스' 브라운은 낸시와 끝내 재결합하지 못했다. 하지만 저주받은 세대에 속했다는 맥락에서 볼 때, 잠깐이라도 서로를 선택할 수 있었다는 점에서는 엄청난 행운을 누렸다고도 할 수 있다.

삶이 놀라움으로 가득 차서일까. 1850년 스콧의 주인인 아이린 에머슨은 매사추세츠로 이동해 유명한 노예제도 폐지론자이자 하원 의원인 캘빈 C. 채피Calvin C.Chaffee와 재혼했다. 예상되다시피 드레드 스콧에 대한 대법원의 판결은 채피 부부의 평판에 별로 도움이 되지 않았다. 채피 부부는 스콧의 가족을 그의 예전 주인 아들 집으로 옮겨줬고, 이 아들은 1857년 5월 26일 스콧 가족에게 자유를 주라는 노예 해방 서류를 제출했다. 대법원의 판결이 내려지고 나서 약 두 달 후의 일이다. 드레드 스콧은 1년 반 후에 결핵으로 죽었다. 해리엇은 그보다 약 20년 더 살아 1876년에 사망했다. 이들의 후손 중 일부는 오늘날까지 세인트루이스에서 사는 것으로 알려져 있다.

Chapter 5

섹스 인 더 시티

1917년 2월 8일 자 〈뉴욕타임스〉에 '말괄량이flapper의 시대가 왔다'라는 제목의 기사가 등장했다. 기존 패션을 뒤집어버린 획기적인 봄 패션이 등장했다는 소식이었다. 경제면에 실린 섬유 산업에 관한 이 소식은 다른 기사와 나란히 배치됐다. 같은 경제면에 같은 분량으로 올라간 다른 두 기사가 있었는데 하나는 크게 상승한 양털 가격을 다뤘고, 다른 하나는 쇼룸 모델을 잘못 선택해서 수익이 불안하다는 내용을 다뤘다.

패션 동향을 알려주는 이 기사에는 다른 기사와 구분 짓게 하는 장치가 고의로 들어가 있었다. 기사 끝부분에 "중간이나 이른바 '말괄량이' 사이즈, 즉 마르고 사내아이 같은 체격의 성인 여성들은 의류 제조사들이 이번 시즌에 어떤 옷을 선보이는지 알게 된다면 크게 기뻐할 것이다"라고 적혀 있었다. 이제까지 관심의 대상이 되지 못했던 마른 체형의 젊은 여성들은 자신들이 좋아하는 브랜드에서 날씬한 몸매에 좀더 잘 맞는 옷을 살 수 있게 됐다. 달라진 것은 이뿐만이 아니었다. 이 새로운 기성복은 '언니 세대 옷에 쓰인 것과는 완전히 다른' 천으로 만들었을 뿐만 아니라, 코코 샤넬Coco Chanel이라는 젊은 디자이너 덕에 파리 상점에도 진열되기 시작한 '직선 실루엣' 스타일도 도입했다. 맨해튼 패션 중심지에 도착한 미래의 패션에 〈뉴욕타임스〉가 관심을 쏟은 것이다.

1920년대를 제1차 세계대전의 잿더미를 딛고 성적 해방이 완전해진 시대였다고 낭만적으로 묘사하는 경향이 있다. 이른바 재즈, 위스키, 경제적 번영의 시대다. 여기에 욜로YOLO, You Only Live Once(한 번뿐인 인생이므로 현재를 즐기자는 신조어-옮긴이) 정신으로 무장한 말괄량이들이 등장해 보브컷 헤어스타일에 볼 터치를 하고, 아무 남자하고나 자고, 투표권을 행사했다. 그녀들은 차창 밖으로 담배를 흔들거리기도 하고, 담배 연기가 자욱한 나이트클럽에서 남들의 시선을 즐기면서 드러낸 팔과 다리를 휘저으며 춤을 추기도 했다.

여러 버전의 이 동화 같은 이야기는 재즈 시대Jazz Age(재즈와 댄스 음악이 대중화된 1920년대를 가리킴-옮긴이)에 등장해 문학적 서사인 양 끊임없이 반복되어왔다. 여성의 경험을 물질적으로 정확하게 기록한 것은 아니라고 해도 그 내용이 어느 정도 비슷해서였는지도 모르겠다. 그런데 술에 흠뻑 젖은 이 시대의 이야기를 제외하고 나면, 우리가 집단으로 기억하는 이 말괄량이는 실제로는 존재하지 않았다는 사실이 드러난다. 동화 같은 상상력에 찬물을 끼얹는 건지는 모르겠지만, 말괄량이 또는 이와 비슷한 존재는 수십 년이 흐른 뒤 만들어진 인구통계학적 인물이다.

　19세기 후반, 미국에는 새로운 산업에서 돈을 벌기 위해 농부들이 도시로 대거 이동하는 현상이 나타났다. 도시에 노동력이 풍부해지면서 미국은 제조업 강국으로 변해갔다. 1890년이 되자 서부 지역은 농사지을 땅을 개간하는 모습이 사라졌을 뿐만 아니라 아예 완전히 황폐해졌다. 그해에 실시된 한 조사 보고서에는 한때 마음껏 농사를 지을 수 있는 기회의 땅으로 여겨졌던 것이 이제는 "경계선이 있다고 하기도 힘들 정도로 개척지가 뿔뿔이 흩어져 있다"라고 나와 있다. 이에 서부에서 농업으로 먹고살고자 했던 사람들은 본능적으로 반대쪽을 향하게 됐다. 역사가 로버트 V. 하인Robert V. Hine과 존 맥 패러거John Mack Faragher의 설명에 따르면, 1870~1920년에 "농부로 직업을 전환하는 산업 노동자가 한 명이라면 도시로 달려가 일자리를 찾는 농부는 스무 명이었다."

　비슷한 이유로 같은 방식의 이주가 영국을 비롯한 유럽에서도 나타났다. 어쩌면 유럽에서는 더 극적인 결과를 보였다고 할 수도 있을 것이다. 잉글랜드와 웨일스의 인구조사에 따르면 농촌 인구가 1871년에는 1,350만 명이었는데 1920년대에는 850만 명으로 줄었다. 영국 연방마저도 도시화되고 있었다. 캐나다 내 토론토와 몬트리올의 인구는 제1차 세계대전 직후 50만 명을 넘어섰다.

많은 남성이 농촌에서 도시로 가는 기차에 올라탔지만 도시로의 이주 물결을 일으킨 건 사실상 여성들이었다. 19세기 후반 미국 중서부 농촌 가정에 관한 연구를 보면 '여성들의 농촌 이탈'에 한탄하는 내용이 있다. 아들 열 명 중 일곱이 농촌에 남은 반면, 딸은 열 명 중 여섯이 농촌을 떠났다는 것이다. 1920년 미국 인구조사국의 보고에 따르면 이러한 경향은 이후에도 지속된 것을 알 수 있다. "농부의 딸은 농부의 아들에 비해 농촌을 떠나 도시로 갈 확률이 높다."

자기 집인 농가를 떠나 모험에 도전하는 데 왜 남성보다 여성이 더 큰 관심을 보였는지는 쉽게 추정할 수 있다. 농촌에서의 일상은 피곤한 데다 지루했다. 빨래하고, 요리하고, 꿰매고, 수선하고, 불을 피우고, 아이들을 돌보는 끝없는 육체노동으로 여성들은 녹초가 됐다. 고된 가사와 더불어 평생 임신하고, 출산하고, 미래의 농부를 키우며 보내야 했다. 미국 동북부 뉴잉글랜드 출신 작가인 헤스터 M. 풀Hester M. Poole은 1882년 어느 잡지에 실은 글에

이를 간결하게 묘사했다.

"농부는 해가 뜨면 일어나 해가 질 때까지 일한다. 농부의 아내
는 대개 해가 지고 난 후에도 일한다."

긴 시간 무보수로 일하는 농부 아내 덕에 가족은 입고, 먹고, 보
살핌을 받았다. 그런데 그 대가로 아내가 받은 것은 어쩌면 자신
에게 주어진 역할을 해냈다는 만족감 정도밖에 없었을 것이다. 남
편의 생산량이 늘어남에 따라 아내의 노동량도 늘어났다. 1884년
〈아메리칸 파머American Farmer〉에 실린 에세이에 "당시 농부의 아내
는 가장 많이 혹사당했고, 가장 많이 참아야 했다"라는 내용이 있
다. 같은 글에는 코네티컷 정신병원이 개업한 후 558명의 여성이
입원했는데 그중 215명은 주부였으며 "당연하게도 대부분 농부
의 아내였다"라는 내용도 있었다.

가사 외에는 별다른 기술이 없었던 농부의 아내는 불행하게도
남편이 사망하거나 자신을 버릴 경우 경제적 수단이 거의 없었
다. 그래서 끝이 보이지 않는 고된 삶에서 벗어날 방법이 없었다.
남편이 자기를 학대하거나 알코올 중독이라면, 아내가 바랄 수
있는 최선의 상황은 결핵이나 치명적인 출산으로 죽는 것이었다.

이후 그다지 기술을 필요로 하지 않는 분야에서 대량 생산이
시작되면서 여성이 돈을 받고 일할 수 있게 됐다. 노동 시장으로

진입할 수 있는 문이 열린 것이다. 1880년대 말에는 빵을 굽는 것보다 사는 게 더 저렴하고 빠르다는 인식이 생겼으며, 통조림 역시 비용과 시간을 절약해주는 중요한 상품으로 자리 잡았다. 적절한 가격의 기성복도 등장해 사회 계층의 제일 아래쪽에 있는 사람들을 제외하고는 옷을 사 입게 됐다. 1870~1910년에 상업용 세탁 시설 보급률은 10년마다 2배로 늘었으며 이 업계에서 종사하는 여성의 수 역시 같은 속도로 증가했다. 이런 이유로 집안일에 들이는 시간이 많이 줄어드는 한편, 여성 노동력을 필요로 하는 공장이 늘어났다. 딸들은 굳이 부모 집에 있을 이유가 없었으므로 많은 이들이 집을 떠났다.

그 시기 돈을 버는 여성의 4분의 3은 미혼이었다. 그 이유를 찾자면 기혼 여성은 일할 필요가 없다는 가정을 들 수 있겠지만, 무엇보다 미혼 여성의 일하고자 하는 동기가 컸기 때문이다. 순진한 시골 처녀가 도시로 와 공장에 다니면서 빠르게 순수함을 잃는 모습은 옐로 저널리스트와 문학적 현실주의자들의 흥미를 끌었다. 대표적인 예가 시어도어 드라이저Theodore Dreiser인데, 1900년에 출간한 《시스터 캐리》가 그의 작품이다. 책의 첫 장을 넘기자마자 젊은 여성 노동자를 바라보는 그 시대의 절망적인 가부장적 시각이 드러난다.

로트레크Lautrec, 〈디방 자포네Divan Japonais〉, 1893년

　

순진한 시골 처녀가 도시로 와서 빠르게 순수함을 잃는 모습이
많은 작가와 저널리스트들의 관심을 끌었다.

"처녀가 열여덟 살에 집을 떠나면 얻게 되는 결과는 둘 중 하나다. 도움의 손길을 만나 나아지거나 유행을 빠르게 받아들여 더 나빠진다."

이 소설은 열여덟 살 캐리가 시카고에서 돈 많은 중년 남자를 만나 맛있는 식사에 연극 표에 비싼 옷을 받는 장면으로 이어진다. 캐리는 촌뜨기로 살았던 과거의 흔적을 벗어버리고, 도덕성 대신에 물질적인 재산과 기회를 택한다. 공장 바닥에서 힘들게 일하는 일상을 끝내고 겉으로는 화려한 첩의 생활을 시작하면서 애인의 인맥을 통해 연극배우 일을 맡는다. 마침내 캐리는 주당 150달러(오늘날로 치면 약 4,000달러 정도다)를 버는, 크게 성공한 배우가 된다. 그 과정에서 돈 많은 이혼남과 결혼했다가 나중에 헤어지는데, 이 남자는 싸구려 여인숙에서 지내는 신세로 전락한다. 캐리는 아메리칸 드림의 본보기가 됐지만, 정작 그녀 자신은 비참하다고 여긴다.

드라이저의 주인공은 급성장하는 중산층에게 야망이 치러야 하는 잠재적인 도덕 비용에 관해 생각해보라는 경고의 메시지를 보낸다. 하지만 독자들의 마음을 더 크게 자극한 것은 캐리의 성찰이었다. 도시로 뛰어든 젊은 독신 여성이 도시에서의 삶에 매료돼 성실함을 포기하게 되리라는 두려움 말이다.

하지만 변화에 대한 두려움이 있을지라도 그것을 막지는 못했다. 농촌 인구가 도시로 몰리는 것과 동시에 유럽에서도 이민자들이 떼를 지어 미국으로 들어왔다. 1880~1920년에 이민자는 700만 명에서 약 1,400만 명으로 2배 가까이 늘었다. 이 이주자 집단은 북동부와 중서부 도시에 정착했으며 이 지역은 제조업의 중심지로 발전해갔다. 1900년 무렵 뉴욕, 시카고, 샌프란시스코, 밀워키, 디트로이트 등 많은 산업 대도시 인구 중 약 4분의 3이 이민 1세대와 2세대였다.

1920년 인구조사국의 보고서에 따르면 미국은 이제 더는 작은 농장으로 이루어진 나라가 아니었다. 도시에 사는 국민이 51%에 달해 미국 역사상 처음으로 과반수가 도시에 사는 국가가 됐다.

여성 노동인구는 점점 더 늘어나 공장과 사무실, 백화점, 식당에 고용됐다. 세탁소에서 일하는 여성도 있었고, 유모나 식모로 부잣집에서 일하는 여성도 있었다. 매춘이나 카바레 쇼에 종사하는 여성도 있었다. 1900~1915년에 새로 고용된 여성 근로자 중 3분의 1이 넘는 수가 사무 부문에 채용됐으며, 정규직 여성의 평균 임금이 남성 평균 임금의 절반을 넘어섰다. 직업이 무엇이 됐든 독신 여성은 자신의 생계를 꾸릴 수 있게 됐으며 미국 도심 전역에는 이들에게 알맞은 가격의 숙박을 제공하고 예전에는 상상할 수 없었던 수준으로 사생활을 지켜주는 하숙집이 증가했다.

일부 여성이 상대적으로 더 누리는 자유는 다른 여성들의 노동을 착취함으로써 생겨난다는 것이 시장경제의 냉혹한 현실이었다. 사무직에 종사할 정도로 운이 좋은 여성 근로자는 남성 근로자가 받는 임금의 절반 정도를 받고 일했지만, 공장에서 일하는 여성들은 그보다 훨씬 더 적은 임금을 받았다. 특히 의류 산업에는 이민자 여성이 많았는데, 이들은 쥐꼬리만 한 임금과 감독관의 혹사를 버텨야 했다.

1911년 뉴욕시에서 발생한 트라이앵글 셔츠웨이스트 공장Triangle Shirtwaist Factory 화재 사건에서 그 단면을 볼 수 있다. 이 화재로 의류 산업 종사자 146명이 사망해 미국 역사상 가장 끔찍한 산업 재난으로 꼽히는데, 값싼 소비재를 생산하기 위해 얼마나 터무니없는 임금을 지급했는지가 외부로 드러났다. 대부분 이탈리아계와 유대인계 이민자 여성이었던 이 공장 노동자들은 주당 52시간을 일하며 7~12달러를 받았다. 오늘날로 치면 300달러도 안 되는 액수다. 많은 이들이 유독한 연기를 마셔 숨을 거뒀고, 불길을 피하려고 공장 창문 밖으로 몸을 던져 도로에 떨어져 죽었다. 노동자들이 쉬러 나오지 못하게 하려고 공장 주인이 불법으로 작업장 문을 잠가놓았기 때문이다.

이 참사로 여성의 노동조합운동이 촉발됐고, 노동자를 위한 안전 규칙도 엄격히 재평가하게 됐다. 1885년에는 여성이 하루에 보통 10~17시간을 일했지만 1914년에는 10시간 이하로 줄었다. 이에 따라 젊은 여성의 생활에 여가를 추가할 수 있는 시간적 여백이 생겼다.

근로자의 권리를 쟁취하기 위한 운동이 확산함과 동시에 의회는 3년간 자료를 수집해 만든 1911년 여성 노동력에 관한 보고서를 승인했다. 상원 보고서 제9권 〈미국 산업 내 여성 근로자의 역사History of Women in Industry in the United States〉는 여성의 참정권과 노동을 연구한 경제학자 헬렌 L. 섬너Helen L. Sumner가 썼다. 이 보고서는 가려져 있던 임금 불평등과 여성 근로자에게 강요된 긴 근무 시간을 지적했다. 섬너는 또한 여성 근로자를 향한 사회적 함의에 관해 기초적인 관측 결과도 추가했다. 보수 도덕주의자들의 분노를 일으키고 있는 여성의 경제적 참여와 사회 관습상 성별 역할의 변화 사이에서 명확한 연관성을 끌어낸 것이다.

전반적으로 여성의 영역이 어느 정도 확장된 것은 분명하다. 즉 '가사 도우미', '웨이트리스', '재봉사', '섬유 산업 노동자' 등 전통적으로 여성의 일로 여겨지는 분야에 종사하는 비율은 감소한 반면 예전에는 여성의 영역이라고 여겨지지 않았던 그 외 분야에 종사하는 비율은 증가했다.(…) 이 운동은 일하는 여성의 출산, 배우자의 교육 수준 등 모든 요소에 영향을 미쳤다.

섬녀는 남성과 여성의 일 사이에 경계선이 점점 더 약해진다는 점도 언급했다. 어쩌면 보수주의자들은 일하는 여성이 그 때문에 순수함을 잃었다고 묘사할지도 모르겠지만, 적어도 여성의 영역은 도심을 걸으며 관찰할 수 있는 수준을 넘어 확장되고 있었다.

당연한 이야기겠지만 실제로는 일하는 여성이 새로운 사회적 관습을 받아들이는 것은 그리 간단하지 않았다. 대체로 노동계급 여성은 문제를 일으키는 존재가 아니라 예의 바른 사회 구성원으로 평가받길 바랐다.

1890년대부터는 수천 명의 여성이 미국 전역의 도시에 있는 단체에 가입하기도 했다. 이러한 단체는 서로 뜻이 맞는 사람들이 모여 시민으로서 활동에 참여하고 개인의 성장도 도모하는 거점 역할을 했다. 몇몇 단체는 부유한 여성들이 주축이 되어 도심 빈민층을 위해 사회봉사 활동이나 후원을 하기도 했다. 아프리카계 미국인 여성들도 자신들만의 단체를 만들었다. 그중 하나가 1896년에 설립한 전미유색인여성협회National Association of Colored Women's Clubs
로 '함께 오르며 끌어주기'를 모토로 삼았다. 이들은 '우리의 목적
과 관심이 다른 모든 야망 있는, 선한 여성의 목적 및 관심과 동
일하다'는 것을 '무지하고 의심 많은 세상'에 알리고자 했다.

그 외에 친구를 사귀고, 공공 발전을 도모하는 프로젝트를 진
행하고, 빠르게 변화하는 사회 안에서 자신들이 차지할 수 있는
자리를 개척하는 (백인) 근로 여성들의 전용 공간으로서 많은 단
체가 있었다.

패션 잡지 〈하퍼스 바자Harper's Bazaar〉의 1890년 기사에는 이런
단체의 어느 모임에서 회원들이 자신의 이미지를 개선할 수 있는
여러 방법에 대해 토론했다는 소식이 실렸다. 토론 결과, 일을 잘
해서 상사로부터 인정받기("평균 실적과 품질이 올라가면 우리가 하
는 일을 보는 대중의 평가도 따라서 올라갈 것이다"), "우리의 정신을
개선하고 계발하는 데" 노력하기, 이성 앞에서 조심히 행동하기
("남성 앞에서 스스럼없이 행동하는 여성은 다른 여성들의 짜증을 유발할
수 있다. 우리는 각자 자신만을 위해 책임 있게 행동해야 하는 것이 아니
라 다른 여성들을 위해서도 책임 있게 행동해야 한다") 등이 해법으로
꼽혔다.

일하는 여성이라는 존재가 여성성의 전통적인 관습을 비웃는

것처럼 보이기는 하지만, 낮은 임금을 받고 공장에서 일하는 보통 여성 근로자는 자신이 페미니즘의 선봉을 맡는 것을 꺼렸다. 이들 역시 결국에 바라는 것은 대부분 여성과 동일했다. 결혼해 가정을 꾸림으로써 임금을 받고 일하는 생활은 두 번 다시 돌아보지 않게 되는 것 말이다.

같은 시기에 자신감 있고 독립적인, 새로운 유형의 여성이 유럽과 미국 사회의 상류층에서 나타나기 시작했다. 이 특혜받은 여성들은 저임금 여성 노동자들과의 비교를 통해 부각된 오만한 부산물이 아니라, 상류층 여성의 품행이 어떠해야 하는지에 대한 사회 관습에 저항함으로써 주목받게 됐다. 하지만 이들이 나타난 타이밍은 우연과는 거리가 멀었다.

세대에 걸쳐 부유한 기혼 여성에게 주어진 역할은 아이를 키우고 가정을 돌보는 것, 아니 더 정확하게 말하자면 이 두 가지 일을 맡은 하인들을 관리하는 것이 대부분이었다. 그런데 1800년대 말이 되자 대부분의 상류층 가정에는 빛과 열을 공급해주는 가스관이 들어섰고, 따라서 땔감을 마련하거나 불을 피우거나 불을 피울 때 생긴 그을음을 북북 닦을 필요가 없어졌다. 심지어 물 저장 시설을 갖춘 집도 있어서 동네 우물로 가 양동이로 물을 퍼

나를 일도 없었다. 세탁 시설은 육체적으로 고되고 시간도 잡아먹는 빨래의 수고를 덜어줬다. 결국 부유한 가족의 가사를 돌볼 일손은 예전처럼 많이 필요치 않게 됐다. 할 일이 거의 없게 되자 이런 집에서 일하는 가정부들은 고통스러울 정도로 지루해져서 오늘날 우울증과 연관 지을 수 있는 징후를 보이기까지 했다.

아일랜드의 페미니스트 작가인 세라 그랜드_{Sarah Grand}가 이름 붙인 '신여성_{New Woman}'은 도금 시대_{Gilded Age}(미국이 농업국에서 공업국으로 변하는 과정에서 사회에 물욕이 만연했던 시대-옮긴이)에 부유한 여성에게 온순함과 무능함을 요구했던 문화에 대한 저항으로 등장했다. 신여성은 여성의 온순함이라는 굴레에서 벗어나 자신을 정복해야 한다고 그랜드는 제안했다. 신여성은 남자도 나아져야 한다고 대담하게 요구했지만, 무엇보다 자신에게 더 많은 것을 요구했다.

신여성은 급격히 확장되던 참정권 운동에 직접 관여하진 않았지만 그로부터 은연중 영향을 받았다. 사회적 여파에도 불구하고 대학교를 졸업하는 신여성도 있었다. 1870~1880년대 미국에서는 남녀공학 대학과 여자대학 수가 크게 늘었다. 1900년 이전에 졸업한 여성의 75%는 독신이었는데, 어쩌면 결혼한 적이 있지만 혼자 사는 인생을 택한 이들도 포함됐을 것이다. 그즈음 바뀐 결혼법으로 이혼 후에도 여성이 자기 재산을 유지할 수 있게 됐으니 남편과 헤어지는 것이 큰 문제가 아니었을 것이다.

거리낌 없이 자기 목소리를 내는, 교육받은 상류층 여성은 세기말 문학에서 매혹적인 소재였으며 동시에 대중에게는 경멸의 대상이었다. 이전까지만 해도 남성과 여성은 분명하게 나뉜 영역을 차지했다. 남성은 바깥일을, 여성은 집안일을 맡았고 가족 밖에서 두 성이 상호작용할 일은 거의 없었다. 하지만 여성이 자신에게 주어진 역할을 거부하자 긴 세월 유지되어온 사회 질서의 기반이 위협받게 됐다.

물론 '여성 문제Woman Question'(산업화 이후 서구 국가의 사회적 변화로 인한 여성의 역할 확대와 사회적 기대가 충돌해 생긴 문제-옮긴이)가 집단의식과 충돌하기는 했다. 그렇지만 공공 인격public personhood이 되고자 하는 여성에게 강한 반감을 갖는다고 해서 그것이 현상을 유지해야 한다는 근거는 되지 못했다. 이른바 '고함치는 형제들Bawling Brotherhood'(신여성의 등장과 이들이 사회에서 차지하는 비중을 이해하지 못하는 남성을 가리키는 용어-옮긴이)은 여성이 사회에 침투하는 것에 항의하면서 "이 세대 전체는 여성화됐다", "조심하지 않으면 틀에 박힌 수준 낮은 세상에서 살게 될 것이다"라고 했던 바질 랜섬Basil Ransom(헨리 제임스의 소설 《보스턴 사람들The

Bostonians》에 등장하는 보수주의 인물-옮긴이)처럼 굴었다. 하지만 상관없었다. 여성들은 억압받고, 모욕당하고, 비참해지는 데 신물이 나 있었으니까. 남성들이 여성의 자율성을 인정하지 않으려 한다면 이는 그들의 문제였다.

도금 시대의 신여성은 주로 상류층 여성으로 자기 목소리를 낼 수 있는 기회와 권리를 가지고 있었다. 이 페미니스트 운동에 참여하는 노동계급 여성은 매우 적었다. 가난한 여성들은 공정한 대우를 원하지 않아서가 아니라 도시 빈곤층의 사정과 고된 근무 조건 때문에 여성 문제 같은 차원 높은 이슈보다 당장 급한 걱정거리를 안고 살았기 때문이다. 다시 말하면 신여성은 자기 입에 들어갈 음식이 끊길 걱정은 할 필요 없이 입 밖으로 내뱉고 싶은 말을 내뱉을 수 있는 이들이었다.

도금 시대 페미니스트의 관점에는 한계가 있었지만, 그럼에도 이들이 누린 사회경제적 이점은 여성이 추구해야 할 것의 틀을 세우는 데 유용했다. 어쨌든 신여성들은 먹고사는 문제로부터 멀리 떨어져 있었고, 따라서 변화 중인 여성의 역할이 자신과 남들에게 무엇을 의미하는지 분석할 수 있었다. 남자든 여자든 여성운동을 비난하는 사람은 어리석거나 겁이 많거나 둘 중 하나라고 대놓고 말할 수 있는 유일한 존재이기도 했다. 또한 이들은 분리

되어 있던 남녀의 성별 영역이 붕괴했다는 사회정치적 암시를 주고, 남성과 여성 그리고 가족에 대한 고정관념이 변화하는 데 영향력을 행사했다. 신여성이야말로 여성 문제를 직면할 수 있는, 즉 남성과의 관계로 규정짓지 않는 여성의 의미가 무엇인지 답할 수 있는 존재였다.

도덕주의자들은 참정권이나 돈을 버는 일에서 여성을 배제하는 것은 여성을 위한 거라고 주장했다. 하지만 자유시장이 급격히 확대되면서 샬럿 퍼킨스 길먼Charlotte Perkins Gilman 같은 페미니스트 작가들은 도덕주의자들의 탄식을 신여성을 위한 목소리로 바꾸었다. 길먼은 1898년 〈여성과 경제Women and Economics〉라는 논문에서 결혼과 육아를 여성에게 유일하게 주어진 직업으로 정해놓은 탓에 결혼을 위선적으로 장려하게 됐다고 주장했다. 이런 관계에서는 결혼 역시 매춘의 일종이라는 것이다.

"여자는 남자에게 생계를 의지하고 따라서 성적 관계는 바로 경제적 관계가 된다. 이러한 관계를 맺는 것은 동물 중 인간이 유일하다."

10년 후 소련의 무정부주의자 엠마 골드만Emma Goldman은 1910년에 쓴 독창적인 에세이 〈여성 거래The Traffic in Women〉에서 비슷한 주장을 했다. 골드만은 성性 심리에 영향력을 미친 19세기 영국 성

연구가 해브록 엘리스Havelock Ellis의 말을 다음과 같이 언급했다.

매춘부와 비교하자면 돈 때문에 결혼한 아내야말로 진정으로 시궁
창에서 사는 인생을 살고 있다고 할 수 있다. 이 경우 아내는 매춘부보
다 더 적은 수입을 받지만 출산과 육아로 훨씬 더 많이 희생해야 하는
처지에 있으며, 주인에게 전적으로 구속된다. 매춘부는 자신에 대한 권
리를 절대로 포기하지 않고, 자유와 권리를 유지하며, 남자와의 잠자리
에 매번 응해야 하는 의무도 없다.

미국의 악덕을 연구한 학자들이 지적한 바와 같이 길먼, 골드
만과 동시대를 산 여성 성 노동자들은 미국의 다른 어떤 여성
들보다도 더 많은 돈과 자유를 누렸다. 2010년 새디어스 러셀
Thaddeus Russell이 쓴 《불한당들의 미국사》에는 이런 대목이 나온다.
"사실상 매춘부들은 당시 여성에게 거부됐던, 지금은 당연한 것
으로 여겨지는 자유를 누렸다. (…) 매춘부의 수입은 미국 모든
여성의 수입 중 가장 높았다."
　여성들의 처지가 이러한데도 콧수염에 기름칠이나 하고 앉아
있는 뻔뻔한 진보주의자들이라니.

장 베로Jean George Beraud, 〈술꾼 The Drinkers〉, 1908년

.
.
.

여자는 남자에게 생계를 의지하고,
성적 관계는 바로 경제적 관계가 되었다.

간통의 위협은 상류사회와 시민 지도자들에게 큰 영향을 미쳤으며 수십 년간 괴로움을 안기기까지 했다. 여성의 성적 타락을 바라보는 주변의 불안은 런던과 뉴욕의 중상류층으로까지 퍼졌다. 선정적인 기사나 자극적인 대중 소설에서는 (대부분 동유럽 출신의) 남성이 젊은 백인 여성에게 매춘을 강요하는 것을 '백인 노예'라 부르며 사회악이라고 표현한다. 대서양의 양쪽에 있는 대륙에서 이러한 우려는 인종차별과 외국인 혐오 탓에 더욱 커졌다. 백인 노예에 관해 기사나 소설에서 서술한 내용은 확실히 의심이 가기는 하지만, 그런 일이 있었다는 사실이 새삼 알려지게 됐다. 이는 사회에서 여성의 존재가 점점 더 중요해짐으로써 생기는 불안감을 반영한 것이기도 하다.

금융가인 존 D. 록펠러 주니어John D. Rockefeller Jr.는 1910년에 실시한 '백인 노예' 거래 조사에 이어, 1911년 뉴욕시가 사회위생국을 설립하는 데에도 개인적으로 자금을 지원했다. 위생국 설립 멤버 중 한 명이 뉴욕주 베드퍼드힐스 여성 교도소 원장이었고, 교도소는 위생국 정책을 세우는 데 필요한 정보를 제공하는 연구실로 활용됐다(그러나 이 연구실에서 무엇을, 어떤 목적으로 연구했는지는 확실하지 않다). 이후 30년 동안 록펠러는 공공정책 이행을 통해 특히 매춘 같은 여러 사회악을 인식시키고 예방할 방안을 세우는 데 600만 달러에 가까운 재산을 쏟아부었다.

메리 울스턴크래프트가 활동하기 시작한 이후 페미니스트들 사이에서 '자유연애'가 자주 권장되며 일종의 교리로 간주됐지만, '고상한' 숙녀가 결혼 전에 성관계를 맺는다는 것은 20세기 초까지만 해도 매우 충격적인 사건이었다. 그러나 도시화의 진전으로 부모 집에서 떨어진 곳에서 생활하면서 생기는 상대적 독립성이 밀접한 관계를 맺는 데 좋은 조건이 됐고, 갈수록 많은 여성이 성관계를 포함하는 연애를 하게 됐다. 이들 중 대부분은 미혼 여성이었으며 성관계 세상으로 진출하는 것이 꼭 정치적인 의도에서 비롯된 행동이라고 볼 순 없었다. 대부분 자신의 삶을 세세하게 따지거나 낙인을 찍는 대신, 자신이 원하는 대로 살고 싶다는 기본 욕구를 따랐을 것이다. 성관계에 대한 공포감을 조장해 교화하려 했지만, 남성과 친해지는 여성의 수가 꾸준히 증가하는 것을 막지 못했다. 1890년대가 되자 노동자 계층의 어휘 목록에 새로운 단어가 추가됐다. 바로 '데이트'다.

데이트의 출현으로 그전까지 존재하던 '초대'는 사라졌다. 이전에는 여성이 자신의 집으로 남자를 불러 가족의 감독 아래 만나는 방식이었다. 남성은 자기를 초대해달라는 바람을 넌지시 전

할 수 있었겠지만, 실제로 초대하는 것은 여성에게 달려 있었다. 한편 밖에서 하는 데이트는 여성을 욕망의 대상으로 만드는 한편, 남성은 구애부터 비용 충당까지 데이트에 필요한 여러 요소를 잘 배치하는 배우로 만들었다. 물론 여성의 가족은 구애의 방정식에서 탈락하게 됐다.

데이트는 보호자 없이, 공공장소에서, 공개적으로 이루어졌다. 이 오락 활동은 보통 음료수를 구입하거나 놀이기구를 타거나 값싼 영화를 한 편 보는 식이었다. 즉 공공 시장에서 중개되는 일종의 상업적 거래였다. 이 태도의 출발은 변화를 일으켰다. 예전의 구애 방식이 집 안에서 우아하게 예의범절을 보여주는 식이었다면, 데이트는 대중이 소비하는 상품과 서비스에 기반을 뒀다. 간단히 말해 데이트는 경제 성장에 도움이 됐다.

데이트의 등장은 여성의 성적 매력에 새로운 시장가치를 부여했으며, 결과적으로 여성이 외모를 가꾸는 데 드는 노력과 돈이 늘어났다. 작가인 메리 오거스타 라셀Mary Augusta Laselle 등의 중산층 사회 개혁자들은 이렇게 외모를 중시하는 태도에 의심의 눈길을 보냈다.

"여성 노동자는 모자, 신발, 드레스 같은 차림새에서 수입이 많은 여성의 비싼 복장을 열심히 따라 하게 됐다."

1914년 라셀은 노동 계층 여성은 자기보다 돈이 더 많은 남자를 유혹해 더 높은 사회 계층으로 올라가기를 원한다는, 당시 흔히 갖던 믿음에 동의하며 이런 상황을 경멸하는 자신의 생각을 풀어냈다. 이런 경멸이 공정하든 부당하든 간에, 어쨌든 외모를 가꾸면 데이트 시장에서 유리하다는 것은 확실했다.

데이트는 또한 남성과 여성 모두에게 반드시 결혼식장으로 가야 한다는 부담 없이, 한 명 또는 여러 명의 데이트 상대가 주는 애정을 맛볼 수 있는 새로운 자유를 제공했다. 자유시장 덕에 수월하게 등장한 만남 방식인 데이트는 자본주의 사회에 데이트 상대 탐색이라는 새로운 경쟁을 추가했다. 여성들은 일을 해서 번 돈으로 산 기성복과 화장품으로 멋을 부려 경쟁자 무리에서 더욱 돋보이고자 했다.

1920년대가 되자 데이트를 하는 젊은 여성에 대한 대중의 인식은 말괄량이를 만화로 표현한 것과 비슷해졌다. 방탕하게 짧은 치마를 입고서, 자기보다 앞선 세대의 여성들이 따르던 관습을 비웃는 모습 말이다. 이 여성들은 집착 또는 조롱의 대상이 됐다. 몸에 착 달라붙는 드레스에 헤어스프레이를 뿌려 멋을 내고 남자친구를 데리고 다니며 닫힌 문 뒤에서 그들만이 아는 짓을 하곤 했다. 백화점 의류 매장에서 구입해 코디한 상품처럼 이 여성들 역시 소비에 적합한 이상적 인물이었다.

스키드모어대학 영어학 명예교수인 린다 사이먼Linda Simon은 저서 《길 잃은 소녀들: 말괄량이의 탄생Lost Girls: The Invention of the Flapper》에서 말괄량이의 이상화된 모습은 부분적으로 피터 팬의 엄청난 인기 때문에 생겨났다고 주장한다. 영원히 소년의 모습으로 살아야 하는 피터 팬의 역할은 늘 여성이 맡곤 했다. 1920년대에 삽화가 존 헬드 주니어John Held Jr.가 그린 〈배너티 페어Vanity Fair〉나 〈라이프Life〉 같은 잡지의 표지와 스콧 피츠제럴드Scott Fitzgerald의 단편 〈재즈 시대의 이야기〉나 희극 〈채소The Vegetable〉의 표지는 짧은 치마와 말도 안 되게 가늘고 긴 신체로 말괄량이를 이미지화했다. 화장품 제조 업체들은 말괄량이가 구현하는 젊음과 날씬함에 대한 성적 숭배에 답했다. 다이어트가 유행했고 몸매를 보정해주는 속옷 회사와 성형외과 의사들이 호황을 누렸다. 다시 말해 말괄량이는 사고파는 상품에 대한 아이디어를 제공해줬다.

많은 젊은 여성이 이 이상을 따르려 했다. 〈뉴욕타임스〉는 경제면에서 초기의 흥분되는 변화를 다루기도 했지만, 1920년대의 현대 여성을 찬양하는 데에는 시간이 걸렸다. 하지만 적어도 좋은 논쟁거리를 발견하면 이를 이용하려고 했다. 1921년 어느 날 이 신문사의 편집자 앞으로 독자의 피드백이 도착했다. 이디스 M. 멘델Edith M. Mendel(나중에 결혼 후 남편 성을 따라 이디스 M. 스턴 Edith M. Stern이 되며 정신건강과 장애인 인권을 보호하는 데 선구적인 변호사가 된다)이라는 이름의 이 독자는 〈뉴욕타임스〉가 얼마 전에 실은 기사를 칭찬하고는 이렇게 덧붙였다.

"대학 4학년 학생이자 말괄량이이자 페미니스트인 저는, 당연하게도 여성을 대하는 귀사의 구식 태도에 찬성하지는 않습니다."

1922년 〈뉴욕타임스〉가 쓴 '말괄량이에 대하여'란 제목의 기사는 신여성, 특히 그녀들의 데이트 방식을 집중적으로 다뤘다. 이들은 낮에는 "다른 일들을 진지하게 신경 쓰다가" 밤이 되면 돌아가며 접근하는 댄스 파트너 무리와 즐거운 시간을 보내는 은밀한 이중생활을 한다는 내용이었다. 이 기사에서 〈뉴욕타임스〉는 데이트를 하는 것과 성을 파는 것을 대놓고 동급으로 취급했다.

"이들의 목적은 남성 고객, 즉 애인을 모으고, 모으고, 또 모으는 것이다."

이 기사에서는 여러 인물과의 인터뷰도 다뤘는데, 그중에는 연극과 영화에서 맹활약하는 배우 로렛 테일러Laurette Taylor도 있었다. 1922년 당시 마흔을 앞두고 있던 테일러는 말괄량이를 '부자 꼬마 아가씨'라고 부르며 언급조차 꺼렸다. 데이트 시장에 있는 미혼 여성 중에는 보통 직업을 가진 독립적인 여성도 있지 않겠느냐는 말에 그녀는 비웃었다.

"난 그런 사람들은 말괄량이라고 부르지도 않아요. 그들은 성실하고 부지런한 사람들이죠. 그런 여자라면 한 남자로 만족할 거예요. 착실한 남자를 만나 진정한 인생을 시작하겠죠. 당신네가 부르는 말괄량이는, 그런 단어가 적합한지는 모르겠지만, 자기 일을 가지고 있지 않아요. 밤새도록 춤을 추면서 종일 일하거나 공부할 순 없죠."

지금도 여전히 그런 것처럼, 남성도 함께 만들어온 문화지만 유독 젊은 여성에게만 경멸의 시선이 쏠렸다. 말괄량이가 혼자서 춤을 춘 것은 아니지 않은가. 게다가 어떤 남성이 '데이트'를 하는가에 관해 경계심을 갖는 경우는 없었다. 데이트하는 남성을 비도덕적이고 탈선한 존재로 보는 사람은 아무도 없었으며, 단지 시류 변화에 합류했다고 봤다. 어쨌든 너무나도 많은 로렛 테일러 같은 이들이 비웃음을 보냈음에도 시류는 분명 바뀌었고, 섹시한 결과를 낳았다.

심리학자 G. V. 해밀턴G.V.Hamilton은 1900년 이전에 태어난 100명의 기혼 남성과 100명의 기혼 여성을 대상으로 설문조사를 했다. 1928년에 진행한 이 조사를 통해 해밀턴은 1886~1890년에 태어

앙리 게르벡스Henri Gervex, 〈롤라Rolla〉, 1878년

:
:

어떤 계층의 여성에게 섹스는
물물교환의 도구 역할을 하기도 했다.

난 여성 중 67%는 혼전 순결을 지켰으나 1891~1900년에 태어난 여성은 30%만이 혼전 순결을 지켰음을 확인했다. 100명이라는 규모가 과학적인 표본 규모가 아닐 수는 있지만 당시 추세를 암시해줄 수는 있다. 다른 여러 연구도 이 현상을 뒷받침하는 결과를 보였다. 대학교를 졸업한 여성의 반은 결혼 전에 성관계를 맺었으며, 1920년대에는 교육 수준과 무관하게 전체 여성의 21%가 스무 살에 첫 번째 성 경험을 한 것으로 나타났다.

혼전 성관계는 경제적 의미도 담고 있다. 간신히 생계를 유지할 수 있을 정도의 적은 임금을 받는 노동 계층 여성에게 섹스는 물물교환의 도구 역할을 했다. 교환 대상은 더 높은 임금을 받는 남성 데이트 상대가 제공할 수 있는 영화와 저녁 식사 같은 중산층 '사치'였다. 베드퍼드힐스 여성 교도소 연구실에서 수감자들과 인터뷰를 했는데, 그녀들은 자신들이 매춘을 한 것으로 잘못 고발됐다며 절대로 돈을 받고 섹스를 한 적이 없다고 주장했다. 한 수감자가 밝혔듯이, 그들은 "춤추고 영화 보러 코니아일랜드에 놀러 가자"고 하는 남자들과 데이트를 했을 뿐이라는 것이다.

밤중의 색다른 나들이와 더불어 어떤 여성들은 섹스를 '좋아하는' 자신을 발견하기도 했다. 1922년 오하이오 주립대학교 학생 신문인 〈랜턴Lantern〉을 통해 한 여학생은 이렇게 설명했다.

"우리가 담배를 피우고, 주술사처럼 춤을 추고, 어깨가 드러난 옷을 입고, '쓰다듬고', 술을 마시는 건 이런 행동을 할 때 동반되는 육체적인 자극을 즐기기 때문이죠. 우리도 '놀이를 하는' 거예요."

아무리 많은 것이 변했다고 해도 여전히 그대로인 것도 많은 법이다.

1900년 전후만 해도 여성에게 섹스는 피하고 싶은 결혼의 의무로 여겨졌다. 그런데 1920년경에도 여전히 섹스를 여성이 적극적으로 원할 수 있는 것으로 생각하는 것은 무례하다고 여겨졌다. 하지만 이런 태도는 바뀌어갔다. 대중은 지크문트 프로이트와 해브록 엘리스가 쓴 글에 영향을 받아 성욕이 인간의 정신에 필수적인 요소라는 생각을 하기 시작했다. 엘리스는 결혼을 성 판매에 비교했을 뿐만 아니라 동성애와 여성의 성적 욕망은 정신 이상과는 거리가 멀다고 주장하는 등 의식이 동시대 사람들보다 몇 년 앞서 있었다.

그리고 대중문화 역시 이를 뒷받침했다. 예를 들어 엘리너 새비지를 생각해보자. 스콧 피츠제럴드의 소설《낙원의 이편》에 나오는 인물로 새비지Savage('야만인', '미개인'을 뜻한다-옮긴이)라는 성에 인물의 정보가 암시되어 있다. 사교계에 진출한 이 말괄량이는 남자 주인공이자 연줄이 되어주는 인물과 함께 문학을 논하며 가까워진다. 하지만 주인공의 연인으로 발전하고 얼마 안 돼 권태기에 빠진다.

> 난 똑똑하고 잘생긴 남자를 좋아해요. 물론 성격도 보죠. 나처럼 남자의 성격을 중요하게 생각하는 사람도 없을 거예요. 그런데 말이죠, 50명 중 한 명만이 섹스가 뭔지 어렴풋이 알 거예요. 난 프로이트니 뭐니 하는 것들에도 관심이 약간 있는데, 이 세상의 모든 '진정한' 사랑이 99%는 열정으로 이루어졌고 나머지는 질투로 인한 의심이라는 게 역겨워요.

엘리너 새비지는 가상의 인물이지만 무언가를 알고 있었다. 그 전까지는 백인들 사이에서 여성의 성적 쾌락이 얼마나 중요한지 큰 관심이 없었다.

영국 과학자 마리 스톱스Marie Stopes가 1918년에 발표한 저서 《부부애Married Love》가 이를 바꿨다. 스톱스의 이 책은 여성의 성적 욕망은 자연스럽고 보편적일 뿐만 아니라 남편이 신경을 써야 하는 속성이라고 말하는 최초의 대중 서적 중 하나였다. 스톱스는 점잔 빼며 책을 쓰지 않았다. 그는 많은 남성이 여성을 성적으로 만족시키는 법을 모른 채 결혼 생활을 시작하며, 대부분의 여성은 성관계를 맺는 데 무엇이 필요한지 알지 못한다고 했다. 또 그는 섹스에는 진정한 쾌락이 수반되어야 한다고 말했다.

"부부가 성관계를 할 때마다 아내를 감전시킬 진정한 쾌락이 포함되어야 한다. 모든 남편은 아내의 몸에 전기가 흐르게 할 방법을 경건한 자세로 찾아야 한다."

같은 맥락에서 스톱스는 "결혼 전 매춘부에게 동정을 바친 남성은, 돈을 주고 산 섹스 파트너가 몹시 만족스러워 하는 것이 '자신의 성적 능력이 탁월하기 때문'이라고 착각하는 경향이 있다"고 했다. 이런 남성은 미래의 아내가 성적으로 흥분하지 못한다면 아마도 자신이 부족해서가 아니라 아내에게 불감증이 있어서라고 여길 가능성이 크다고도 했다. 물론 이는 오랜 세월 많은 여성 이성애자들이 확인해온 남성들의 오만한 착각이다.

《부부애》는 순식간에 품절되어 출간한 지 2주 만에 다섯 번이나 증쇄해야 했다. 그런데 책 내용이 위협적이라고 판단한 미국 세관에서는 13년간 이 책의 유통을 금지했다. 그 이유는 사람들이 섹스의 의미에 관해 깊이 생각하는 것을 두려워해서만이 아니었다. 여성의 성행위는 당황스러운 주제였고, 특히 급증하는 여성의 경제적 활동과 연결되어 더욱 심각했다. 이런 시기에 엄격한 사회 통제가 없다면 자본주의 경제와 기독교적 도덕 질서에 의존하여 유지되는 가족 단위는 어떻게 되겠는가.

한 가지 대답은 천 년간 서구 사회를 지배해온 가치를 암묵적으로 거부하는 새로운 관계를 구축하는 것이었다. 즉, 결혼을 동반자를 얻게 해주고 성적 욕구를 만족시켜주어 남성과 여성의 필요를 채워주는 제도로 활용하는 것이다. 그러면 국가가 신성시하는 결혼의 규제 범위 안에서 성생활을 받아들이고, 심지어 즐기기까지 할 수 있었다. 하지만 많은 이들이 이런 해법을 몹시 두려워했다.

Chapter 6

이별을 선택할 권리

신나게 으르렁거리던 1920년대는 결국 지나갔다. 1929년에 주식시장이 폭락하면서 재즈 시대의 경박함도 사라졌고, 한동안 사람들은 관계와 관계가 주는 안정감을 누렸다. 늘 날개 아래 숨어 있던 실용주의는 불경기가 일으킨 절망 속에서 무대 한가운데로 불려 나왔다.

　시장이 붕괴하기까지 이전 100년 동안에는 순전히 추진력만 있었다. 기술은 발전했고 도시는 팽창했다. 노예제도는 사라졌고 인종과 무관하게 모든 여성은 법적인 보호 아래 개인으로 인정받게 됐다. 하지만 상황은 완벽하지 않았고, 많은 사람에게 만족스럽지도 않았다. 한 예로, 1960년대까지 일부 남부 주에서 흑인 여성에겐 여전히 투표권이 없었다. 그럼에도 어쨌든 대부분 여성은 전례가 없는 수준의 법적이고 조직적인 권리를 얻었다. 성별을 구분하는 선을 넘어 자본이 재분배된 것이 주된 동력이었다.

　경제 불황 때문에 생긴 결핍으로 사람들은 신중해졌다. 지난 50여 년간 꾸준히 상승하다 1920년대에 최고치를 찍었던 미국의 이혼율은 1929~1933년에 25%나 떨어졌다. 혼인율 역시 이 추세에 따라 22% 하락했다. 채용 기회가 줄어들자 가정을 꾸리려는 의욕 역시 꺾인 것이다.

그리고 대공황의 뒤를 이어 제2차 세계대전이 일어났다. 여성 노동인구가 다시 급증했다. 항공과 군수품 관리는 전통적으로 남성들이 맡던 일이었지만, 그들이 전쟁터로 떠나자 그 빈자리를 여성들이 차지했다. 미국 여성의 약 40%가 일을 하러 집을 나섰다. 가족의 생계를 책임지는 임금 노동자가 된 자신을 상상도 해본 적이 없던 여성들이 이제 경제적 활동을 맛보게 됐다. 역사가 앨리스 케슬러-해리스Alice Kessler-Harris가 지적한 것처럼 이는 제2차 세계대전이 물려준 유산으로 남아 있다. 전쟁이 끝나자 군인들이 집으로 돌아왔다. 전시에 일을 시작했던 여성들 역시 소수를 제외하고는 일을 그만두고 집으로 돌아갔다. 혼인율이 기록을 경신하며 치솟았다.

전반적으로 1950년대는 인구통계학적 경향에서 완전히 벗어난 전무후무한 움직임을 보였다. 처음 결혼하는 사람들의 평균 연령은 사상 최저로 떨어졌고, 이혼율은 거의 1세기 전인 남북전쟁 이후 처음으로 정체됐다. 1950년대에 결혼한 부부 중 80%가 결혼 생활을 이어갔으며, 그중 많은 이들이 정말로 행복하게 살았다. 나의 친조부모는 1952년에 결혼한 후 일곱 명의 자식을 연달아 낳았다. 할머니가 집에서 아이들을 돌보는 동안 할아버지는 산부인과 의사로 일했다. 아이를 많이 낳는 천주교 공동체를 위해 매일 늦은 시각까지 일하며 베이비 붐 시대의 절정을 거쳤다. 지금 80대 후반인 할머니는 가족을 돌보던 그 시절을 아직까지도 자신의 삶 중 가장 행복한 때로 여긴다. 군건한 믿음과 온화한 성품을 가진 할머니는 화목하고 경건한 가족을 꾸리는 데 목적을 두었고 가정에서 위안을 얻었다. 서유럽에서는 종전 후 예배당을 찾는 이들이 줄어든 반면, 1950년대 미국 교회 출석률은 사상 최고치를 기록했다. 어쩌면 나의 할머니 같은 사람이 많았다는 게 그 이유 중 하나일지도 모른다.

사회학자 앤드루 J. 첼린Andrew J.Cherlin은 2009년에 출간한《오늘날 미국의 결혼과 가족The Marriage-Go-Round: The State of Marriage and the Family in America Today》에서 교회와 유대교 회당에서는 자녀를 둔 부부에게 특별히 맞춘 예배를 드리기도 했다고 밝혔다.

"가족생활이 집에서 함께하는 삶에 집중하는 것이듯, 이러한 예배 형식 역시 성스러운 장소에서 함께하는 시간임을 강조했다. 개인의 삶을 반성하거나 개인의 삶에 관한 질문을 던지는 방식이 아니었다."

로렌초 로토Lorenzo Lotto,
〈메세르 마르실리오와 그 부인의 초상Porträt des Messer Marsilio und seiner Frau〉, 1523년

나의 할머니 세대에는 화목하고 경건한 가족을 꾸리는 데
목적을 두었고 가정에서 위안을 얻었다.

내 가족에게도 비슷한 사연이 있다. 나의 할아버지와 할머니 사이에 무엇이 작용했는지는 모르겠지만, 두 분은 결코 떨어질 수 없는 사이였다. 두 분은 63년간 서로에게 헌신하며 결혼 생활을 이어갔다. 할아버지가 돌아가시기 4개월 전 내 사촌 결혼식이 있었는데, 그 자리에서 두 분이 춤을 추기도 하셨다. 할머니는 그 사진을 포스터만큼 크게 인화해 거실에 걸어두셨다. 그리고 날마다 할아버지의 환한 얼굴을 마주하며 이런저런 얘기를 들려드리곤 한다.

물론 할머니는 운이 좋았다. 나는 사랑으로 채워지지 않은 결혼 생활을 했던 여성들의 이야기도 많이 알고 있다. 똑똑하고 열정도 있는 여성들의 야망의 불꽃이 지루한 집안일을 하는 동안 서서히 약해져 결국엔 꺼지기도 했다. 살림을 넘어서는 지적 자극이나 지역 사회를 위한 목표가 없었기 때문이다. 약물 중독, 우울증, 자살은 내 할머니 세대 중 많은 이들을 비극적인 종말로 몰았다. 행복한 주부라는 1950년대의 이상을 따르기 위해 고생한 여성들을 말이다.

이후 몇십 년 동안 교육과 참여의 기회가 확장됨과 함께 독립이 어떤 것인지 여성들도 어렴풋이 알게 됐다. 하지만 적어도 3세대에 걸쳐 여성을 앞으로 나아가게 한 그 추진력이 갑자기 멈춘

듯했다. 백인 중산층이 도심을 탈출해 교외에 정착하면서 여성이 다시 고립됐기 때문이다.

의도하진 않았겠지만, 백인 중산층이 교외에 정착하고자 하는 경향은 의도치 않게 아내와 어머니를 집에 묶어두는 결과를 가져왔다. 1950년대를 지나면서 차를 소유하게 된 가정이 크게 늘었지만 차 두 대를 가진 집은 드물었다. 그러므로 가장이 차를 타고 출근하고 나면 나머지 가족은 외출을 할 수가 없었다. 새로 개발된 교외의 주거지에는 대중교통 체계가 갖춰지지 않았고 별다른 편의시설도 없었기에 그저 집 안에 있어야 했다.

교외에서 아내 또는 어머니로 생활하는 것은 좋은 일이 아니었다. 여성들은 기성세대가 이룬 것을 잊지 않고 있었다. 20세기 중반 아내와 어머니들은 투표권을 위해 싸웠고, 전쟁 중 남자들의 일자리를 맡았으며, 어떤 여성들은 힘겹게 대학 졸업장을 획득했다. 베이비붐 세대의 등장과 교외로의 이동이 한창 진행되는 와중에 여성은 일자리로 돌아가기 시작했다.

처한 상황에 만족하든 갈등을 겪든, 주부들은 당시 문화에서 큰 역할을 맡았다. 전쟁 이후 가정의 시대가 도래하면서 페미니스트들은 결혼 관습에 대해 더욱 의구심을 갖게 됐다. 여성들이 일자리로 돌아가면서 양성평등에 대한 논의가 가정과 직장으로 확장됐으며, 이것이 여성운동의 불씨를 되살렸다.

시몬 드 보부아르Simone de Beauvoir가 1949년에 출간한《제2의 성》은 페미니즘의 두 번째 물결을 일으켰다는 평가를 받는다. 그녀는 이 책에서 현대의 결혼은 필연적으로 여성을 정신적으로 소멸케 한다고 주장한다. 주부가 가정에 공헌하게 하기 위해 사회는 남편과 자식들이 그녀를 얼마나 인정하는지를 강조한다는 것이다. 드 보부아르는 자신의 저서에 이렇게 썼다.

"주부가 하는 일은 일 자체를 넘어 생산이나 활동을 통해 사회에 영향을 줄 수 있어야만 의미가 있고 당당해진다. 주부에게 선거권이 없다면 그녀는 남편과 자식에게 의존할 수밖에 없다. 그녀는 남편과 자식을 통해 자신의 존재를 정당화하지만, 사실은 그들 삶에 반드시 있어야 하는 존재는 아니다."

드 보부아르가 말하는 '덫에 걸린 주부'는 어떤 면에서는 부르주아적 선입관에 대한 고전적인 비유에 새로운 모습을 제공했다. 여성들은 집안일에 떠밀려 자포자기 상태로 갇혀 있으면서 자신의 길을 갈망해왔다. 1세기 전 브론테부터 길먼까지 중세풍 문학작품에서 이런 여성들을 만날 수 있다. 차이점이 있다면, 20세기 중반 중산층 주부는 불안감이 물질적인 안락함에 가려져 있기 때문에 실존적 투쟁을 정확히 이해하기가 더 어려워졌다는 것이다.

남편에게 의존해서 사는 주부의 삶은 그렇게 나쁘지만은 않다. 대체로 부족함 없이 지낼 수 있다. 세탁기와 진공청소기 같은 새로운 가사 기술 덕에 집안일은 훨씬 수월해졌다. 사실 그녀들의 어머니야말로 훨씬 더 힘든 삶을 살았을 것이다.

그렇지만 고요 속에서는 권태감이 무성하게 자란다. 1950년대의 아내와 어머니를 구조해준 바로 그 가전제품이 고요의 순간을 가져왔다. 고된 집안일이 사라진 시간에 주부는 자신을 관찰하게 됐다. 여성들은 본능적으로 이를 깨달았고, 여성 고객으로부터 이익을 얻는 기업도 마찬가지였다.

"자신의 수고를 덜어주는 도구를 향한 여성의 숨겨진 태도는 매우 놀랍다." 기자인 밴스 패커드Vance Packard는 1957년 〈하퍼스 바자〉에 실은 '광고와 자아The Ad and the Id'라는 제목의 기사에 이렇게 썼다.

일하는 아내는 가사를 도와주는 도구를 받아들이지만, 받아들이는 반면, 전업 주부는 자신의 중요성과 창의성이 위협받는다고 느낄 수 있다. 어느 광고대행사의 연구 책임자는 이런 상황을 애석해하며 다음과 같이 설명했다. "주부에게 세탁기, 건조기, 식기세척기를 사용하면 카드놀이를 할 시간이 생긴다고 말해보라. 아마 당신을 죽이려 들 것이다!

주부들은 이미 자신이 어머니 때보다 살림을 열심히 하지 않는다는 죄 책감에 시달리고 있기 때문이다.”

무급 노동으로 가사를 책임지고 있음에도 주부는 자신의 유용성을 줄이고 싶지 않았다. 자신이 쓸모 있는 존재가 되길 바랐다.

많은 중산층 주부의 불안한 감정은 베티 프리단_{Betty Friedan}의 《여성성의 신화》에 명확하게 서술되어 있다. 주부들은 프리단의 책을 읽으며 자기들만이 유례없이 우울한 것이 아님을 처음으로 알게 됐다. 프리단에 따르면 저임금 직장에서 고군분투하는 남편을 둔 아내나 고액의 봉급을 갖다 주는 남편을 둔 아내나 똑같이 고요 속 혼란을 느꼈다.

너무나도 많은 미국 여성의 마음을 휘젓고 있는 이 '이름 없는 문제' 는 여성성을 잃어서, 교육 수준이 너무 높아져서, 또는 집안일이 너무 많아서 생기는 게 아니다. (…) "난 남편과 아이들과 집보다 더 많은 걸 원해"라는, 여성의 내면에서 울려 나오는 목소리를 더는 무시해선 안 된다.

프리단의 페미니스트 수류탄은 그녀가 오랜 기간 기자로 일해

오면서 점점 더 커졌다. 그런데 그 수류탄은 그간 기자로서 모아온 자료들보다 훨씬 더 가까운 곳에서 터졌다. 바로 프리단이 대학원 연구 장학금을 거절한 일이다. 프리단의 남자친구가 그녀의 학문적 성공에 위협을 느꼈고, 그녀는 남자친구와의 관계를 지키기 위해 장학금을 포기했다. 1940년대 중반에 있었던 일이다. 나중에 그녀는 "노처녀 대학교수가 되는 걸" 피하려고 그런 결정을 내렸다고 설명했다. 프리단은 그 남자친구와 결혼했지만, 1960년대 말에 이혼했다.

남녀를 불문하고, 프리단의 초기 독자 중 상당수는 주부가 되는 것은 여성의 시간을 부적절하게 활용하는 일이라는 그녀의 견해를 비웃었다. 스테파니 쿤츠는 《이상한 동요A Strange Stirring》에서 다음과 같은 일화를 밝혔다. 잡지 〈레이디즈 홈 저널Ladies' Home Journal〉에 프리단의 《여성성의 신화》 일부가 발췌되어 실리자 독자 수백만 명이 편지를 보냈는데, 그중 80%는 화를 내고 항의하는 내용이었다는 것이다. 이후에도 몇십 년 동안 프리단은 글을 통해 엘리트 의식과 동성애 혐오 견해를 드러냄으로써 논쟁을 불러일으켰다.

그럼에도 당시 독자 중 일부는 《여성성의 신화》가 불행한 결혼생활을 끝낼 수 있도록 용기를 줬다고 본다. 쿤츠는 프리단의 주

프란츠 아이블Franz Eybl, 〈책 읽는 여인Girl Reading〉, 1850년

베티 프리단의 책은 많은 백인 중산층 여성 독자의
눈을 뜨게 해주는 역할을 했다.

장이 매우 많은 백인 중산층 여성 독자의 눈을 뜨게 해줬다고 설명했다. 1963년과 1964년에 걸쳐 "짬이 날 때마다 찔끔찔끔" 이 책을 읽었다는 한 여성은 답답한 집 안에 갇혀 있는 삶 너머로 시야가 트이게 된 것은 프리단 덕분이라고 말하기도 했다. 여성들이 비참한 결혼 생활에 좌절하지 말고 자신의 정체성을 주장해야 한다고 목소리를 높인 이 독자는 프리단이 '이혼할 권리'를 준 셈이라고 했다. 그 독자는 고등학교 시절에 만나 오랜 기간 친구로 지내온, "줄곧 내 인생의 사랑이었던" 남성과 재혼했다.

쿤츠는 《여성성의 신화》를 읽고 이혼한 여성들 사이에서 이와 비슷하게 축복받은 재혼이 흔히 일어났다고 말한다. 일단 자기가 속한 관계에서, 그리고 더 나아가 자신의 삶을 형성하는 일상에서 적극적인 태도를 보여도 된다는 비공식적인 허락을 받은 여성들은 자기의 기대를 충족해주는 남성과 새로운 관계를 맺었다.

《여성성의 신화》는 결혼에 반대한다는 내용으로 논쟁거리를 만들지 않는다. 《제2의 성》과 달리 《여성성의 신화》는 선언문임과 동시에 자기계발서이기도 했다. 프리단의 책을 읽은 사람이 운동가나 지식인이 '아니었다는' 이유로 지금도 시대의 표준으로 평가되기도 한다. 대신 프리단의 독자는 여성 잡지에서 살림 조언을 모으고 육아 고수인 벤저민 스폭Benjamin Spock 박사의 책에 나오는 지침을 따르는 중산층 여성이었다.

《여성성의 신화》는 특정한 감정에 목소리를 내게 하고 그 감정이 널리 공유되고 있다는 증거를 제공한다. 프리단 전에는 성인 여성의 전인적 정체성을 결혼과 모성을 기반으로 형성하는 것은 위험하다고 분명히 말한 사람도 없었거니와 잠재적인 대안을 제시하는 사람은 더더욱 없었다. 이 책은 초판만 140만 부가 팔렸다.

앞의 인용문에서 프리단이 '이름 없는 문제'라고 부른 것에 대한 대안은 전통적으로 남성의 영역으로 여겨지던 분야에 여성이 참여하는 것이다. 더 정확하게는 노동 시장과 상업 시장에서 남성과 같은 참가자로서의 지위를 확보하는 것이다. 프리단의 축약된 예측이 왜 영국계 중산층과 상류층 독자의 시선을 휘어잡았는지는 쉽게 알 수 있다. 프리단의 해결책은 계층과 부의 자본주의 역학을 흔들지 않았기 때문이다. 단지 특정 여성들에게 참여할 권리를 제공했을 뿐이다. 그들이 평생 알고 지낸 남자들이 그래왔던 것처럼 말이다.

《여성성의 신화》 출간 이후 몇십 년간 많은 이들이 지적한 것처럼, 프리단의 책은 여성의 지속적인 억압을 보장하는 경제적·구조적 힘만 약화시킨 것이 아니라 노동 조직자와 급진 좌파 기자로 활동해온 작가 자신의 역사도 지웠다.

프리단은 1942년부터 1952년까지 노조 출판물을 만드는 일에 종사했다. 처음에는 노동계의 소식을 전하는 매체 페더레이티드프레스Federated Press에서 기자로 일했고, 이후 7년 동안 미국전기 · 라디오 · 기계노조연합 사보 기자로 일했다. 몇십 년 후 역사가 대니얼 호로비츠Daniel Horowitz는 《여성성의 신화》에 프리단의 과거와 그녀가 10년간 취재해온 내용이 빠졌다며 아쉬움을 드러냈다.

"훌륭한 언론인이자 페미니스트 지도자로서 20세기에 노동의 이상과 투쟁이 페미니즘에 얼마나 독창적인 공헌을 했는가를 제시하지 않음으로써 미국 역사에 손실이 생겼다."

손실이 생겼든 아니든, 프리단은 일부러 집단행동 형태가 아니라 개인으로서 《여성성의 신화》 작업에 몰두했다. 프리단이 책의 초점을 경제적 자유라는 고상한 목표가 아니라 개인의 행복 추구에 맞춘 것은 그녀가 염두에 둔 독자의 이익을 위해서였을 수도 있다. 20세기 중반 가정불화는 대부분 아내 탓으로 돌려졌다. 이는 이른바 '여성성의 신화' 때문에 생긴 결과라고 프리단은 주장했다. 불행한 남편을 둔 아내는 남편의 행복만을 바라고 남편의 행복만을 위해 살아야 했다. 성욕을 집 밖에서 표출한 남편의 관심은 성관계를 만족시킴으로써 되돌려야 했다. 그러나 첼린의 연구 결과가 지적하는 것처럼, 행복한 결혼 생활을 해야 한다는 부담은 점점 늘어나 행복하지 않은 관계에서 벗어났을 때 생기는 잠재적 비용을 넘어섰다.

1971년 1월 1일, 캘리포니아주에서는 이혼의 본질을 완전히 바꿀 새로운 법률이 발효됐다. 당시 주지사였던 로널드 레이건Ronald Reagan이 서명한 이 법안은 결혼 관계를 끝내는 장황한 잠재적 근거를 '나을 수 없는 정신병'과 '화해할 수 없는 양측 차이' 두 가지로 좁혔다. 그리고 또 한 가지, 이혼을 신청할 때 배우자의 잘못을 제시해야 한다는 필요조건도 삭제했다. 따라서 이제는 이혼을 신청하는 아내가 간통, 폭행, 유기 같은 고통을 받았다는 내용을 반드시 입증하지 않아도 됐다.

레이건의 새 법안이 제정되기 전 100년 동안 이혼은 자신이 얼마나 피해를 입었는지, 상대가 얼마나 해를 입혔는지에 대해 주법원에 증거를 제시한 후 법적으로 치열하게 다퉈야 하는 일이었다. 레이건 자신도 이혼한 경력이 있었다. 그의 부인 제인 와이먼Jane Wyman은 1949년 '정신적 학대'를 이유로 이혼을 신청했다. 이혼 신청을 하는 남편이나 아내는 자기가 지속적으로 겪은 신체적 또는 정신적 학대를 재판관 앞에서 진술하고 변호해야 하며, 재판관은 그 내용을 믿어야 했다. 레이건이 이혼하던 당시에도 제인 와이먼이 정신적으로 학대당했다고 재판관을 설득했다.

이혼을 주재하는 재판관이 여성 이혼 청구자를 의심하는 경우도 있다. 예를 들어 재판관이 여성은 스스로 고통 여부를 진단할 능력이 없다는 대중 심리학에 익숙할 수도 있다. 사실 이런 관점은 '히스테리'라는 개념으로 지난 수십 년간 받아들여져 왔다. 프로이트 정신의학자들은 성 역할에 대한 혼란 때문에 점점 더 많은 여성이 살면서 더 많은 선택권을 원하도록 현혹된다고 판단했다. 여성에게 유일한 성취감의 원천은 가족 돌보기라면서 말이다.

여성이 결혼 생활에서 불행을 느끼는 것이 정신병으로 간주되는 사회에서 '배우자의 잘못을 묻지 않는' 이혼에 대한 법이 발효되자 어떤 사람들은 충격을 느꼈다. 그즈음 성별 관습을 깨는 데 집중하는 것처럼 보이는 여성해방운동이 급격히 확산됐기에 충격은 더 컸을 것이다. 이 새로운 이혼 방식은 이혼의 원인이 되는 격렬함을 제거했고, 입법자들은 '이혼divorce'이라는 단어를 삭제하고 대신 '해소dissolution'라는 부드러운 새 명칭을 붙였다. 이전에는 몇 달 동안 큰 비용을 부담하고 신중하게 진행해야 승인이 났던 이 법적 조치는, 〈뉴욕타임스〉의 표현에 따르면, "사실상 요구하기만 하면" 허용할 수 있는 것이 됐다. 그것도 인구 2,000만 명으로 미국에서 가장 많은 사람이 살고 있는 주에서 말이다.

이 변화는 대중의 큰 관심을 받았다. 법안이 발효되기 하루 전, 〈뉴욕타임스〉는 이 새로운 법안이 준비 기간에 얼마나 엄청난 지지를 받았는지에 대해서 상세히 설명하는 기사를 내보냈다. 그 기사에 따르면, 가족 구조가 위협당한다며 부정적인 반응을 보일 것으로 여겨졌던 교회 단체조차도 찬성했다고 한다. 〈뉴욕타임스〉는 "긴 법정 다툼은 종종 부모 사이에 적대감을 남겨 자식에게 심적 고통을 안기는 결과를 초래하곤 했다"라고 설명했다.

1968~1971년 캐나다, 미국, 영국에서는 배우자의 책임을 묻지 않는 무과실 이혼이 흔하게 이루어졌다. 이혼 법안의 가장 큰 변화는 캘리포니아에서 나타났지만, 다른 대부분 지역에서도 이혼 소송 전 별거 기간을 입증 가능한 과실과 동일하게 유효하다고 인정했다. 그 결과 이혼율이 급증했다. 뉴욕주의 새 법이 발효된 직후부터 2년 동안 이 지역 이혼 건수는 1년에 4,000건에서 1만 8,000건으로 4배가 넘게 치솟았다. 1950년대에 미국에서 태어난 아이 중 11%만이 이혼한 부모를 둔 반면, 20년 후에는 미국 아이 중 약 절반이 이혼한 부모를 두게 됐다.

이혼율이 증가하면서 이런 변화에 아이들을 어떻게 적응시킬 것인지에 대한 문화적 인식도 달라졌다. 1950년대와 1960년대

초에는 '아이들을 위해서 함께 살아야 한다'라는 분위기 때문에 결혼 생활이 불행해도 대부분 참고 살았다. 1991년에 발간된 인구통계학 개론서인 《세대Generations》에서 저자 윌리엄 슈트라우스William Strauss와 닐 하우Neil Howe는 1962년에는 성인 여성 중 절반이 자식이 둥지를 떠날 때까지 불행한 결혼 생활을 참아내야 한다는 금욕주의 신념을 지녔다고 보고했다.

하지만 1950년대에 '성공과 행복은 자신이 행동한 결과'라는 믿음이 가족생활에 큰 영향을 미치면서 이혼 혁명을 가능하게 하는 문화적 환경이 조성됐다. 세계의 전환기에 부유한 계층을 사로잡았던 사회위생학은 제2차 세계대전 이후 알아들을 수 없는 심리학 용어의 홍수로 대중을 준비시킨 자기계발에 자리를 내줬다. 자기계발서는 수백만 부가 팔렸으며, 힘든 일을 하는 자세와 선한 개신교 노동 윤리를 적용한다면 해결할 수 없는 문제는 없다는 믿음을 강화했다.

노먼 빈센트 필Norman Vincent Peale은 1952년에 출간한 대중 심리학 베스트셀러 《적극적 사고방식》에서 헤어지고 싶다는 마음이 생긴 부부에게 필요한 것은 오로지 새로운 결심으로 관계를 바라보는 것이라고 말했다. 그는 부부가 공유하는 행복을 나타내는 구체적인 이미지를 강박적으로 명상하는 것을 해법으로 제시했다. 그렇게 하면 부부의 서로를 향한 거부가 마치 주문을 외운 듯 우주의 법칙에 따라 다른 목적을 갖게 되고, 결국에는 그 이미지가 실현될 거라고 했다.

필은 남편이 이혼을 요구한 한 여성의 예를 들었다. 남편의 요구에 아내는 자신의 내적 '히스테리'를 옆으로 제쳐두고 남편에게 90일의 유예 기간을 두고 다시 생각해보라고 했다. 이 기간에 아내는 남편과 행복하게 골프를 쳤던 모습과 부부의 결혼 생활 자체를 상징하는, 남편이 가장 좋아하는 의자에 앉아 있는 모습을 열심히 떠올렸다. 효과가 있었다! 90일이 지나자 남편은 자기가 이혼을 원했다는 사실조차 잊어버렸다. 필이 영적 조언자로 활동하면서 수없이 봐왔다고 얘기한 그 결과가 나온 것이다. 자신의 물질적 성공은 경제 흐름에 합류한 덕이 아니라 기회와 근면을 합친 결과라고 믿는 20세기 중반의 미국인들에게 이 메시지는 강력하게 다가갔다.

아이러니하게도, 주부들은 행복해지는 방법으로 필의 해법이 아니라 《여성성의 신화》를 택했다. 프리단이 자아실현을 위한 수단으로 노동을 강조했기 때문이다.

그 과정에서 애초에 주부로서의 삶이라는 사치를 누리지 못한 많은 비非백인 여성 노동자들은 소외됐다. 비백인 페미니스트들은 자신들의 지속적인 경제 활동 참여가 백인 페미니스트들이 제시하는 해방이라는 약속에 미치지 못한다는 점을 직시하며 지난 반세기를 보냈다. 획기적인 흑인 페미니즘 이론가인 벨 훅스_{bell hooks}가 1984년에 낸 책 《페미니즘: 주변에서 중심으로》에서 지적한 것처럼 프리단은 "대학교를 졸업하고, 중상류층에 속하는, 기혼 백인 주부로, 집이 있고, 아이가 있고, 사들이는 물건이 많고, 한가해서 지루하게 살며, 삶에서 더 많은 것을 원하는 특정 집단"의 경험을 효과적으로 일반화했다. 훅스는 다음과 같이 이어간다.

> 프리단은 자신과 같은 여성들이 점점 더 집안일에서 해방되고 백인 남성들과 똑같은 일자리 기회가 주어진다면 누가 아이들을 돌보고 살림을 챙길 것인지에 대해서는 논의하지 않았다. 남편, 아이, 집이 없는 여성의 필요에 대해서는 언급하지 않았다. 프리단은 모든 비백인 여성과 가난한 백인 여성의 존재를 무시했다. 가정부, 보모, 공장 근로자, 사무원 또는 매춘부로 일하는 게 여가를 즐기는 주부로 사는 것보다 더 큰 성취감을 느낄 수 있는지 아닌지를 독자들에게 알려주지 않았다.

자기 삶에 만족하지 못하는 주부일지라도 역사적으로 볼 때는 전례가 없는 특권을 누렸다는 훅스의 말은 맞지만, 내가 아는 어머니 중 육아와 살림을 '여가'와 비슷한 표현으로 사용할 사람은 아무도 없다. 엄밀히 말하자면 훅스도 그런 뜻은 아니었을 것이다. 훅스가 제시하는 암묵적인 질문은 모든 여성에게 어떻게든 집 밖에서 일할 기회가 주어진다면 기울어진 운동장을 평평하게 만들 수 있느냐가 아니다(답은 '아니오'다. 운동장은 어차피 평평해지지 않을 테니까). 어쨌든 누군가 해야 하는 주부의 일을 다른 노동자에게 맡기게 될 텐데 이 노동자는 인종, 성별, 계층 사다리의 더 아래쪽에 있는 사람이 되리라는 얘기다.

그러나 1990년대가 되면서 대부분의 인구통계학자는 20년 전 이혼을 쉽게 해준 법이 1970년대에 요동친 이혼율을 설명하지 못한다는 데 동의하게 됐다. 물론 이혼 절차를 더 쉽게 만들었기 때문에 이혼이 더 쉬워진 것은 맞다. 하지만 다른 요소도 있었다. 피임이 확산된 것도 하나의 예가 될 것이고, 임신 초기에 낙태할 권리를 인정해준 판례인 로우 대 웨이드_{Roe v. Wade} 사건도 영향을 줬을 것이다.

하지만 1970년대에 이혼율이 상승한 데 가장 큰 영향을 미친 것은 '일하지 않았다면 주부가 됐을 여성들'이 일자리 시장에 진입한 비율이었다. 1940년에는 집 밖에서 일하는 미국 기혼 여성의 비율이 15%밖에 되지 않았던 반면, 1979년에는 기혼 여성의

50%가 돈을 벌었다. 이 여성들이 누구였는지, 정확히 어떤 사정이 있었는지를 따져보면 그 시점부터 부부가 결합하고 헤어지는 궤적을 더 잘 파악할 수 있다. 또한 '여성해방'이라는 말이 구체적으로 어느 여성을 가리키느냐는 질문을 추가하게 된다.

흑인 시인이자 활동가인 오드리 로드Audre Lorde는 1980년 봄 애머스트대학교에 모인 사람들에게 이렇게 말했다.

"대체로 오늘날 여성운동을 보면 백인 여성은 여성으로서 받는 억압에 중점을 맞추고 인종, 성적 취향, 계층, 나이 간 차이는 무시한다. (…) 사실상 존재하지 않는 경험의 동질성을 '자매애sisterhood'라는 단어에 부여하려는 의도가 있다."

우리 모두 역사의 상속자이기는 하지만, 우리 중 일부는 낡고 해진 밧줄을 가지고 있다.

아메리칸 퍼블릭 미디어American Public Media에서 2010년에 라디오 다큐멘터리 방송을 만든 적이 있다. 방송에서 기자인 사샤 애슬러니언Sasha Aslanian은 자기가 활동한 독서모임에서 자신을 포함한 거의 모든 이들이 1970년대에 있었던 이혼의 물결에 영향을 받은 자녀들이었다고 말했다.

1970년대에 태어난 아이들은 '남들도 하니까'라는 이유로 결혼을 단순히 삶의 의무라고 여기는 것이 아니라, 결혼은 사랑과 관계라는 가치를 추구하는 것이라고 믿으며 자랐다. 언론인이나 전문가들도 어머니의 독립성을 강화할 수 있다면 이혼은 실제로 자식에게도 좋을 수 있다는 생각을 확산시키는 데 한몫했다. 1979년 비평지인 〈메리지 & 패밀리 리뷰Marriage & Family Review〉에 실린 한 기사는 이혼과 그 이후 재혼을 통해 어머니는 "성장과 발전을 위한 능력"을 유지할 수 있게 된다고 썼다. 그러므로 정서적인 면에서나 경제적인 면에서 자식을 보살펴야 한다는 부담을 분산하는 "효과적인 가족 관계를 위한 더 큰 네트워크"를 형성할 수도 있으리라고 주장했다.

이 책을 쓰려고 조사를 하던 중 나는 신문 데이터베이스에 '이혼'을 검색해봤다. 그리고 검색 조건을 어느 시대에 맞추느냐에 따라 결과가 어떻게 달라지는지를 조사했다. 1970년대가 넘어가자 어느 정도 의미 있는 양의 검색 결과가 나왔다. 1971년 〈하퍼스 바자〉에 실린, 이혼에 관한 어린이 책의 발췌 부분이 보였다. 책에서 리처드 가드너Richard Gardner 박사는 어린 독자들에게 자신을 "문제가 있고 걱정이 많은 아이들을 돕기 위해 노력하는 특별한 의사"로 소개했다. 그러면서 책을 쓴 목적이 부모의 이혼을 아무 문제도 아닌 척하는 것이 아니라 아이들이 갖게 되는 이혼에 관한 감정을 정면으로 마주할 수 있도록 하는 것이라고 밝혔다. 가드너는 자칫 금욕주의자가 될 수도 있는 미성년자들에게 경고했다. "만약 아무 문제도 아닌 척해왔다면 '바로 지금' 멈춰야 합니다!"

예전에도 그랬고 지금도 그렇듯, 대체로 이혼을 제기하는 쪽은 남성보다 여성일 가능성이 크다. 현대 사회학자들은 이를 남편과 아내가 결혼 생활에서 느끼는 불만이 불균형하기 때문이라고 본다. 여성은 일반적으로 보상이 없는 집안일을 제대로 처리해야 한다는 기대를 받는데, 이는 매우 지치는 일이다.

입법상의 여러 변화와 함께 여성해방운동도 추진력을 얻었지만, 그럼에도 여성의 사회적·경제적 자립성은 크게 개선되지 않았다. 결혼의 본질은 종교적으로 구속하는 '재산 결합 협정'이라는 개념에서 자아실현의 몇 가지 측면 중 하나를 추가하는 관계로 끊임없이 진화해왔다. 이와 함께 불행한 결혼 생활을 지속할 동기는 점점 줄어들었다. 만약 자녀가 있는 부부라면 무과실 이혼을 진행할 경우 자녀를 양육하지 않는 쪽에서 재산 대부분을 내줘야 했고, 그게 대부분은 남자였다. 하지만 이제는 남자 쪽의 부담도 줄었다. 입법의 변화는 부부 양쪽에 이익을 안겨줬다. 아내는 자기가 받은 고통을 법정에서 상세히 보고할 필요가 없어졌으며, 남편은 이전 제도라면 떠안았어야 할 재정적 지원이라는 부담에서 벗어나게 됐다.

Chapter 7

다른 가족의
모습 상상하기

가족이 해체될 위험에 처한 것은 아니지만, 현재 변화의 시기를 지나고 있다는 것만큼은 확실하다. 혼전 동거 비율은 1970년대 이후 꾸준히 증가해왔다. 미국 내 젊은 성인 커플 중 65% 이상이 결혼식장에 가기 전부터 같이 살고 있으며, 열 커플 중 네 커플 가까이는 혼인 신고를 하기 전에 헤어진다. 캐나다 통계청은 2011년에 결혼과 이혼에 관한 자료 수집을 아예 멈추기로 했다. 비용을 절감하려는 의도였겠지만, 대외적으로는 관계의 정의가 달라지고 있어서라고 이유를 댔다.

얼마 전까지만 해도 비도덕적이라고 여겨졌던 동거라는 관계 형태가 단 한 세대 만에 매우 흔한 일이 됐다. 이에 따라 'POSSLQ'라는 약자도 시대의 유물이 됐다. 미국 인구조사국에서 1970년대 말에 만들어낸 이 용어는 'Person of Opposite Sex Sharing Living Quarters'의 약자로 '거주 공간을 공유하는 이성 동거인'을 가리킨다. 내가 어린 시절을 보낸 1990년대에 흔하게 사용됐다. 한때는 파티에서 자신의 POSSLQ를 소개하는 모습은 규정된 경로에서 이탈했음을 털어놓는 것이기도 했다. 그도 그럴 것이 그

때는 결혼을 하지 않고 이성과 동거하는 것이 썩 바람직한 일은 아니었으니까. 1990년대 초반에 방영된 시트콤 〈치어스〉에서 프레이저 크레인이 자기 예비 신부인 릴리스를 POSSLQ라고 칭한 것처럼 약간은 자랑하는 뉘앙스로 사용되기도 했다. 하지만 이제 이 용어는 사라진 말이나 마찬가지다.

인구조사에서 동거 커플은 이제 하위 범주가 아니라 어엿한 하나의 범주다. 함께 사는 비혼 커플의 수는 지난 50년간 900%라는 어마어마한 증가율을 보였다. 현재 약 800만 명의 미국인 커플이 결혼하지 않은 채 함께 살고 있는데 이는 20년 전과 비교하면 2배로 늘어난 수치다. 동거 중인 성인 가운데 절반은 서른다섯 살 미만이다.

크리스티나 카우테루치Christina Cauterucci는 인터넷 매체 〈슬레이트Slate〉에서 이렇게 밝혔다.

"오늘날에는 점점 더 많은 젊은이가 사랑하는 사람이 자면서 내는 소리, 화장실을 이용하면서 내는 소리를 들으며 하루를 시작하는 일상을 택하고 있다. 이 일상에는 세금 부담도 없고 친구들을 불러모아 집들이를 해야 하는 부담도 없다."

마치 주거비를 나누어 내고 결혼식을 치르는 데 수천 달러를 쓰지 않아도 된다는 점, 게다가 관계를 정리하게 될 경우 법적으로 복잡한 절차를 거치지 않아도 된다는 점이 최고의 이점이라고 말하는 듯하다.

장기간 연애를 한 내 친구 중 대부분은 연애 중 어느 시점이 되면 애인과 동거를 했다. 혼전 동거에 반대하는 종교적 가르침을 받으며 자란 친구들조차 말이다. 결혼한 내 친구들은 전부 결혼식 전에 '부도덕한 생활'을 했으며 그중 대부분은 약혼을 결심하기 전에 애인과 함께 살기 시작했다. 애인과의 상호 동의 아래, 다른 사람과 가벼운 성적 관계를 허용하는 다양한 방식의 비非일부일처제에 발을 담근 친구들도 많았다.

도시 이스턴Dossie Easton과 재닛 W. 하디Janet W. Hardy가 함께 쓴《윤리적인 매춘부》가 출간된 지도 20년이 흘렀다. 마치 제3세대 페미니즘을 다루는 '초보를 위한 비일부일처제'라는 제목의 책과도 같다. 그동안 비일부일처제라는 문제는 트렌디한 잡지나 학술지에서 다룰 만한 소재로 간주됐다. 아마도 그런 매체들은 '대체 가능한' 관계를 반대하며 사회적으로 낙인을 찍는 것은 옳지 않다는 주장을 펼칠 것이고 말이다. 한 예로, 2017년 5월 〈뉴욕타임스 매거진〉에 개방 결혼을 조사한 긴 기사가 실린 적이 있다. 그 기사에 300명이 넘는 독자가 자신이 직접 겪은 비일부일처제 관계의 경험을 댓글로 달았다.

2015년 6월 미국 대법원이 동성 커플의 합법적 결혼을 인정했다. 이후 보수 매체인 폭스뉴스Fox News 방송사의 한 앵커는 동성 결혼으로 집단혼을 향한 길이 열릴지도 모른다고 비꼬았다. 미국보다 앞서 21개국이 동성 결혼을 합법화했지만 그런 징조는 어떤 나라에서도 발견되지 않는데도 말이다.

악몽 같은 예측처럼 제기됐지만 이는 무언가를 시사하기도 한다. 결혼할 권리가 모든 커플에게 주어진다면, 그 권리가 두 명 이상의 관계로도 확장되어야 한다고 주장하는 사람들이 나타났다. 바로 집단혼을 옹호하는 사람들이다.

당장 실현될 가능성은 작아 보이지만 생각의 변화는 나타나고 있다. 2015년 갤럽이 미국에서 실시한 설문조사에 따르면 집단혼을 받아들일 수 있다는 답변자의 비율이 16%로 나타났다. 2001년에 7%였던 데 비하면 크게 늘어난 수치다. 미국에서 집단혼을 한 부부의 수는 수백만으로 추산된다. 집단혼을 옹호하는 단체인 러빙모어Loving More에서 2012년에 실시한 조사에 따르면 집단혼 관계에 있는 것으로 밝힌 사람 중 대다수가 여성인 것으로 드러났다.

이 모든 상황에도 불구하고, 결혼은 여전히 우리 밀레니엄 세대의 상상과 계획의 우선순위에서 상단을 차지하고 있다. 2014년에는 퓨리서치센터Pew Research Center에서 우리 중 4분의 1은 평생 결혼하지 않을 거라는 조사 결과를 발표했다. 이 소식이 인구통계학자들을 놀라게 했을지 모르지만, 여전히 4분의 3은 결혼할 거란 부분이 더 놀랍다고 생각하는 이들도 있을 것이다. 우리는 이제 가족을 꾸리려고, 애인과 함께 살려고 결혼하지 않아도 된다. 2010년 설문조사에 참여한 미국인 대부분은 증가하는 미혼 커플의 동거에 별다른 거부감을 드러내지 않았고, 아이를 낳는 비혼 커플이 늘어나는 추세에도 역시 동요하지 않았다.

지금은 기원으로부터 너무 멀어져 그 사실을 잊게 됐지만, 엄밀히 말하면 결혼은 거래로 시작돼 정치적·경제적 계약으로 성립되는 제도다. 결혼식은 이제 우리가 원해서 치르는 의식으로, 대부분이 살면서 가장 성대하게 거금을 들여 여는 파티로 남았다. 결혼식과 관련된 서비스를 통해 2016년 미국에서만 720억 달러의 수익이 창출됐다.

40여 년 전 전 세계 시청자들에게 방영된 다이애나 스펜서Diana Spencer와 찰스 윈저Charles Windsor의 결혼식 이후부터 결혼식은 호화로운 행사를 마음껏 즐기는 기회로 간주됐다. 〈내가 꿈꾸는 드레스〉라는 제목의 TV 쇼는 예비 신부가 몇만 달러짜리 웨딩드레스 중 하나를 고르는 과정으로만 진행된다. 장기간 성공적으로 방영된 이 리얼리티 쇼 프로그램은 예비 신부나 신랑의 선택을 받은 드레스가 '승자'가 되는 것으로 끝난다.

몇 세기 전까지만 해도 우리의 조상들은 결혼 관계에서 사랑을 느끼는 걸 위험으로 여겼는데 지금은 사랑이 결혼의 가장 큰 이유가 됐다. 최근의 한 설문조사에 따르면, 결혼하는 이유로 사랑과 '평생 지속할 서약을 맺는 것'이 가장 중요한 것으로 나타났다. 응답자들은 아이를 갖거나 심지어 관계를 종교적으로 인정받는 것보다 이를 더 중시했다. 적어도 우리 조부모 세대 이후 우선순위가 확 바뀐 것이다. 같은 설문조사에서 중요도 순위가 이전보다 내려간 항목은 돈이었다. 답변자의 28%만이 재정적 안정을 꼽은 반면, 88%는 사랑을 매우 중요한 요인으로 택했다.

그래도 여전히 결혼은 재정적 안정에 장기적으로 영향을 미치는 주요 결정 요소다. 또한 결혼은 경제적 안정을 '반영하는' 부분이기도 하다. 미국의 국내 제조업 쇠퇴로 가장 큰 타격을 입은 인구층인 중·저소득층 남성의 결혼 비율은 1970년대 이후 가장 급격한 하락을 보였다. 그 하락세는 이 인구층의 소득 하락과 거의 같은 경사로 나타났다. 같은 기간인 지난 40년간 중·저소득층 여성은 같은 처지의 남성에 비해 훨씬 나은 생활을 했다. 맞벌이하는 가구는 성별 구성이 어떻든 누가 얼마를 벌든 상관없이 재정적으로 더 낫다.

오늘날에는 가정에서의 삶이 남성과 여성의 영역으로 나누던 옛 관습이나 그런 영역을 지켜야 한다는 합의에 사실상 덜 좌우된다. 이런 물질적 여건은 핵가족 단위가 붕괴할 경우 여성이 이전 어느 때보다 더 쉽게 회복할 수 있도록 준비시켜준다. 하지만 더는 지속하고 싶지 않은 관계에서 벗어나기가 쉬워졌다고 하더라도 우리는 여전히 관계 앞에서 망설이며 서투른 판단을 하게 될 수도 있다. 평생 사회의 기준에 맞춰 살아왔기 때문이다. 우리는 단조로운 일상의 현실과 충돌하는 마음속 메시지를 안고 살아가며, 대부분 사람은 연애를 시작하려 할 때 서로 모순되는 이해관계를 재본다. 이렇게 신체적, 정서적, 지적, 심리적, 재정적, 생식적인 면을 고려하고 필요한 것을 따져보는 것은 머릿속을 어지럽게 만들 수 있다. 애인과의 관계를 끝내는 일은 명확한 답이 없는 수수께끼와도 같다.

작가 리디아 데이비스Lydia Davis는 1995년에 출간한 소설《이야기의 끝The End of the Story》에서 연애에 대한 깨달음을 신화적으로 해석한다. 연애의 '끝'에서 시작하는 이 책의 화자는 깨진 관계를 차례로 되짚어가며 수수께끼의 답을 구하려 한다. 여성 화자는 이렇게 묘사한다.

우리 사이에 존재하던 공허를 두려워했지만 그 공허는 그 사람 탓이 아니라 내 탓으로 생겼음을 이제야 깨닫게 되다니 참 이상하다. 그 사람이 내게 무엇을 줄 수 있는지, 날 어떻게 즐겁게 해줄지를 기대했다. 그러면서도 난 그에게 깊은 관심을 보이지 않았다. 어쩌면 그 누구에게도 관심을 보인 적이 없었을 것이다. 현실은 당시 내가 생각했던 것과는 정반대였다. 너무나도 간단해 보였는데 말이다. 그는 너무 서투를 때도 있었고 너무 신중할 때도 있었으며, 너무 어리거나 충분히 성숙하지 않아서 난 흥미를 가질 수가 없었다. 그 사람의 탓이라고 난 생각했다.

데이비스의 화자가 묘사하는 후회는 이별의 가장 두려운 결과를 설명한다. 방아쇠를 당기지 않고 몇 달 또는 몇 년 동안 불행한 관계를 지속하며 질질 끌게 하는 결과 말이다. 관계를 끝내고 탈출해야 한다고 재촉하는 자기 보호 본능이 틀렸을까 봐 두려운 것이다. 우리도 이 화자처럼 과거 자신이 해석했던 현실에 대한 묘사에 비춰 현재까지 있었던 일을 기록할 수도 있다. 하지만 어찌 됐든, 관계가 끝나자마자 실패한 이유를 따지는 것이 이별을 극복하는 데 크게 도움이 될 것 같지는 않다. 이겨내기가 쉬웠다

에곤 쉴레Egon Schiele, 〈한 쌍의 연인Lovers, Self-Portrait With Wally〉, 1914년

연인과의 관계를 시작하는 것도 끝내는 것도
명확한 답이 없는 수수께끼와 같다.

면 이 책에는 다른 제목이 붙었을 것이다.

여성은 특히 자신의 본능을 의심하는 경향이 있다. 독립성이 미덕이라는 말을 듣는 여성도 있겠지만, 대부분은 여성이란 날 때부터 가족을 이루어야 하는 운명이라는 말을 듣고 자란다. 그리고 가족과 연관되어 자신의 가치가 측정될 거라고 배운다. 내면에서는 본능과 끊임없이 갈등하면서 말이다. 이런 이중성 때문에 남편 제이지Jay Z가 바람피운 사실을 자신의 앨범 〈레모네이드Lemonade〉에 폭로한 비욘세Beyoncé를 응원하면서도, 1년도 채 지나지 않아 비욘세가 쌍둥이를 임신했다는 소식에 기뻐하는 것이다.

문화적인 시각에서 보자면 집은 현재까지도 여성의 영역으로 남아 있다. 아마도 대부분 여성이 어렸을 때 아기 인형이나 주방 놀이 세트를 가지고 놀았을 것이다. 또한 우리는 디즈니에서 부적절하다고 판단한 부분은 삭제하고 고쳐 쓴 북유럽 동화를 보며 자랐다. 거기서 해피엔딩이란 예를 들어 숲에서 죽거나 동상이 되어 영원히 사람들의 기억 속에 남는 대신, 잘생긴 왕자님의 눈에 띄어 결혼하는 것이다. 동화를 영어로는 '요정 이야기fairy tale'라고 하는데, 어쩌면 겉으로만 해방된 세상에서는 요정처럼 마법을 부릴 줄 알아야만 만족스러운 결과가 나오기 때문일지도 모른다.

아이들에게 타고난 성 역할을 주입하던 방식은 시간이 지나면서 점차 줄어들었다. 예를 들어 성별을 구분하는 아이들의 장난감이나 옷은 교육 수준이 높아진 진보적인 부모 집단의 항의와 우려의 대상이 된다. 내가 아는 아이 엄마 중에는 걸음마를 시작한 아들에게 슬그머니 아기 인형을 보여주며 돌보는 몸짓을 해봤다는 사람이 많다. 또 딸에게 분홍색이 아닌 파란색 옷을 입혔다는 이들도 많다. 뭐가 됐든, 성 역할을 무너뜨리고자 하는 부모의 노력에도 불구하고 가부장제가 해체되지 않았음을 알리게 되어 유감스럽게 생각한다. 아들에게 인형을 쥐여주거나 딸에게 파란색 옷을 입히는 식으로 우리가 아이들을 사회생활에 적응시키는 방식은, 도리어 우리 자신이 서로 다른 성별 영역에 대한 고정관념을 떨쳐내지 못해서 생긴 것이기도 하다. 우리 엄마는 내가 생후 3주 됐을 때 귀를 뚫어줬고 내가 스스로 결정을 내릴 수 있기 전까지는 늘 화려한 케이크처럼 보이도록 꾸며줬다. 그럼에도 나는 여성이라는 관습적 틀에 갇히지 않았다.

시장경제는 여성이 집 밖의 세상에 참여할 기회를 제공함으로써 여성을 생물학과 문화의 이중 제약으로부터 어느 선까지는 해방했다. 스스로 직업을 가짐으로써 경제적인 문제 때문에 결혼이라는 관계에 매이지 않을 수 있게 됐다. 성 혁명과 피임 기구의 대량 생산은 섹스를 생식 의무에서 떨어뜨려 놓았고, 공공 생활에서도 동성 간의 성관계를 밝힐 수 있게 됐다. 후기 자본주의는 우리의 상대적 자율성에 대한 조건을 세우고 우리가 그 규칙에 따라 행동하도록 하게 했다. 바로 그게 문제다.

가부장제와 시장경제는 서로 '어떻게' 연결될 것인지 완전히 합의하지는 않았다. 주된 견해는 자본주의가 가부장제에 의존하고 있으며, 따라서 전통적으로 여성이 가사를 맡는 핵가족은 필수적이면서도 돈으로 가치를 매길 수 없다는 것이다. 가부장제는 자본주의를 필요로 하지 않지만 자본주의는 가부장제를 필요로 한다는 주장이다.

1970년대의 유명한 페미니스트인 케이트 밀릿Kate Millett과 슐라미스 파이어스톤Shulamith Firestone은 가부장제를 사회에서 남성의 지배를 위한 다양한 상황으로, 그리고 자본주의를 가만히 있지 못하는 배우자로 봤다. 파이어스톤은 1970년에 펴낸 《성의 변증법: 페미니스트 혁명을 위하여The Dialectic of Sex: The Case for Feminist Revolution》에서 이렇게 주장했다.

"여성과 아이 모두가 완전히 독립할 수 있으려면 가부장적인 핵가족을 제거해야 할 뿐만 아니라 생물학적 가족 자체를 없애야 한다."

파이어스톤은 핵가족이 국가 내에서 확립된 더 넓은 '적대 행위'의 기반을 형성했다는 마르크스의 이론도 되풀이했다.

그러나 영국 학자인 미셸 배럿Michèle Barrett 같은 이들은 자본주의의 '필요성'은 현대 사회에서 여성이 억압받는 이유를 완전히 설명하지 못한다고 주장했다. 부분적으로는 여성의 경험이 매우 다양하기 때문이며 자본주의와 여성의 억압을 단순히 연관 짓는 것은 자본주의 이전의 역사, 사회주의 사회 그리고 오늘날의 여러 계층에서 도리어 여성의 억압을 부추길 수 있다는 것이다.

부와 권력의 분배 그리고 가부장제 간에는 명백한 관계가 있다. 부와 권력은 궁극적인 동지다. 백인 남성들이 부와 권력 모두를 불균형적으로 많이 소유하고 있다는 것은 서양의 입법기관과 기업의 임원 회의실, 그리고 오늘날 대부분의 장소에서 확인할 수 있다.

가부장제가 반드시 현대의 부와 권력의 분배로부터 나왔다고 할 수는 없어도, 적어도 이 분배 상태에 의해 지지받고 있다고는 확신할 수 있다. 나는 배럿의 편을 들고 싶다. 관념으로서의 가부장제는 자본주의에 의지하지 않는다. 자원의 통제를 선택된 소수의 손에 안기는 매우 보완적인 수단일 뿐이다.

자원은 다른 무엇보다도 함께 사는 커플이나 부부의 관계가 해체되는 것을 방해할 수 있다. 특히 잃을 게 많은 쪽에서는 더욱 그렇다. 대부분의 관계에서 잃을 게 많은 쪽은 여성이다. 미국 가정의 약 4분의 3은 남성이 생계를 책임진다. 미국 내 정규직 여성은 남성에 비해 평균 20%가 적은 임금을 받는다. 여성이 나은 대접을 받는다는 캐나다나 영국에서조차 동일 직업 종사자인 남성에 비해 각각 13%, 9.4% 더 적은 임금을 받는다. 세 나라 모두 여성이 파트타임이나 계약직으로 일하는 경우가 남성보다 더 많기 때문에 남녀 근로자 간의 종합적인 임금 격차는 훨씬 더 크다. 그리고 나이와 육아까지 고려한다면 그 격차는 더욱 벌어진다.

성별 임금 격차 줄이기는 주류 페미니스트들이 핵심 우선순위로 흔히 꼽는 주제다. 좌파 정치인들이 되풀이하는 이른바 '동일 노동 동일 임금'이다. 반면 사회적 보수주의자들은 격차가 과장됐다고 본다. 게다가 단순히 여성들이 저임금 노동에 지원하는 경향이 더 많기 때문이라고 주장하기도 한다.

근본적인 이유가 무엇이든 간에 성별 임금 격차는 사회적 편견을 통해 유지된다. 어떤 여성들은 트레이딩 같은 직업이 남성의 영역이라고 생각해서 피하려고 할 수 있다. 또 어떤 고용주들은 직원을 채용할 때, 같은 자격을 지녔다 하더라도 여성보다 남성에게 더 많은 임금을 책정할 수도 있다. 어쨌든 간에 남자가 가족을 부양한다는 믿음이 여전히 남아 있으니 말이다. 2013년 퓨리서치가 발표한 보고서에 따르면 설문에 응답한 미국인 중 41%가 자식을 위해 돈을 버는 것을 아버지의 가장 중요한 의무로 꼽았다. 그것이 어머니의 가장 중요한 의무라고 답한 비율은 25%였다.

구체적인 어려움은 다를 수 있겠지만, 여성 동성애자들 역시 문화적 기대와 경제적 현실이 결합한 모호함으로 어려움을 겪는다. 연애 상담가이자 레즈비언 관계에 관한 두 권의 책을 쓴 루스 슈워츠Ruth Schwartz는 이렇게 말했다.

"생물학적으로 우리의 뇌는 종의 생존을 위해서 짝을 어떻게 고를지에 관한 생각으로 가득 차 있을 뿐이죠. 이 혜택받은 문화에서, 인간으로서 현재 시점까지 진화한 상태에서, 우리 대부분은 심리적으로 원하고 선호하고 필요로 하는 것을 구하려는 생각은 전혀 하지 않습니다."

슈워츠는 파트너이자 공동 저자인 미셸 머레인Michelle Murrain과 함께 여성 동성애자들이 생물학적 충동과 정서적 욕구 사이에서 상충하는 신호를 식별할 수 있도록 도와주기 위해 데이트 사이트 컨시어스걸프렌드Conscious Girlfriend를 설립했다. 동성애자가 아닌 여성 또한 평생을 살면서 생물학적 충동과 정서적 욕구가 충돌하는 경험을 할 수도 있는데, 그때 이 사이트가 도움이 될 것이다.

슈워츠는 이런 농담도 했다. "레즈비언이 두 번째 데이트에 가져오는 것은? 이삿짐 트럭!" 레즈비언은 두 번째 만남에서 동거를 제안할 정도로 연애 진도가 빠르다는 우스갯소리다.

이와 관련하여 쇼나 밀러Shauna Miller는 잡지 〈애틀랜틱Atlantic〉에 다음과 같은 글을 실었다.

이렇게 '서둘러 살림을 합치는' 경향은 동성애 커플이 숨어 지내야 했던 1950년대와 1960년대 초반에 나타났다. 당시 가정을 꾸릴 수 있는 행운이 있었던 사람들은 그 행운을 움켜쥐고 결혼을 했다. 레즈비언의 세계에서 계속해서 한 사람과 관계를 유지하는 것은 안전하면서도 만족스러웠다. 아이를 갖는 일도 가능해서 일부 레즈비언 커플은 자녀를 두기도 했다.

이런 식의 관계 패턴이 그대로 굳어졌다. 또는 그렇게 됐다는 고정관념이 생겼다. 남자들이 전형적으로 연애 상대에게 헌신하는 것을 거부하는 반면, 동성 간에 성관계를 맺는 여성들은 서로 잘 맞는지 확인하기도 전에 동거부터 하면서 너무나도 빨리 진도를 앞서간다는 평판을 오래도록 유지해왔다.

"레즈비언들에겐 어떻게 [데이트를] 해야 하는지 알려주는 문화적 본보기가 없었어요"라고 슈워츠는 말한다. 따라서 많은 여성 동성애자는 장기 연애에 적합하지 않은 대상과 감정적으로 깊이 얽히게 되는 곤경에 빠지고 만다. 파트너 후보자가 드문 소수 집단의 구성원인 동성애자들에게 애인과 헤어지는 것, 그리고 그렇게 솔로인 상태로 지내는 것은 굉장히 두려운 일이다.

어쩌면 성적 특성이 이유 중 하나일지도 모른다. 잡지 〈커브Curve〉의 어느 연애 조언 칼럼니스트는 '레즈비언과 헤어지기… 한 번이라도How to Break Up with a Lesbian ...Once'라는 제목의 글에서 이렇게 썼다.

"여자들은 본래 관계를 가능한 한 유지하려고 한다."

그럼에도 어떻게 연애해야 하는지에 대한 시대에 뒤떨어진 조언이나 선입관을 버려야 한다는 주장과 연구 결과가 계속해서 나오고 있다.

신경과학자 래리 영Larry Young과 과학 저널리스트 브라이언 알렉산더Brian Alexander는 2012년에《끌림의 과학: 사랑, 섹스, 모든 끌림에 대한 과학적 접근》이라는 책을 출간했다. 이 책에서 저자들은 남자가 여자보다 사랑하는 사람과의 이별을 더 힘들어한다고 주장한다. 그리고 2010년 〈사회심리학 저널Journal of Social Psychology〉에 실린 한 연구 보고서에 따르면, 남자는 여자보다 더 빠르고 더 힘들게 사랑에 빠진다고 한다. 남자든 여자든 다들 그 반대라고 믿는 경향이 있지만 말이다. 이 결과는 이후 매년 밸런타인데이 때마다 언급되어 실연당한 싱글과 당황한 성 본질주의자들의 주목을 받곤 한다.

동성 커플은 관계를 종료하는 데 이성애 커플만큼의 부담은 느끼지 않을지도 모른다. 비슷한 논리로 슈워츠는 이렇게 말했다.

"내가 관찰한 몇몇 여성 이성애자는 남자를 냉소적인 시각으로 봤습니다. 남자와 헤어진 후 '그놈도 다른 남자들처럼 못된 놈이었어'라고 평가하는 거죠. 그렇지만 여자로서 여자 애인을 사귀는 경우 여성 전체를 냉소적으로 보게 되지는 않아요."

우리가 떠받드는 가치를 물질적으로 반영하지 않는 세상에서 어쩌면 성 전체를 포기해버리는 것이 이별이라는 어려운 문제를 마주하는 쉬운 방법일지도 모른다. 나는 이성애가 내 전생의 업보라고 농담을 하곤 한다. 이런 감정을 나 혼자만 느끼는 것 같진 않다. 다룰 수 없는 불평등에 시달리지 않더라도, 우리는 사랑이라는 노동만으로도 진이 빠질 수 있다.

별일이 없다면 나는 오래 살게 될 것이다. 미국 사회보장국 홈 페이지의 수명 계산 시스템은 내가 85.7세까지 살 거라는 예상치 를 보여주었다. 나의 성별과 출생일을 바탕으로 계산된, 아직은 멀리 떨어진 이정표다. 단, 이 계산 시스템은 내 조부모 중 세 분 이 그보다 더 오래 사셨으며, 내가 매일 브루클린 다리를 넘어 자 전거로 출퇴근하고, 대부분 유기농 재료에 오메가 지방산이 풍부 한 식사를 한다는 것은 모른다. 이 시스템은 내가 태어난 시각과 장소만으로도 많은 것을 알아낼 수 있기 때문에 이런 것까지 고 려할 필요는 없다고 한다.

내 앞에 아직 창창한 날들이 남아 있다고 확신할 만한 다른 이 유도 있다. 21세기에 캐나다와 미국이라는 부유한 두 국가를 넘 나들며 사는 백인 밀레니엄 세대인 나는 역사상 이례적으로 편안한 삶을 살고 있다. 한때 의무라고 강요됐던 결혼과 출산을 하지 않아도 생계를 유지할 수 있고, 원하는 대로 사용할 수 있는 소득과 시간을 필라테스 수업과 DIY 문신에 쓸 수도 있다. 친할머니와 외할머니는 지금 내 나이 때 각각 아이 넷을 키우느라 쉴 짬이 없으셨는데 난 주말에는 종종 정오까지 잔다.

핵가족의 안주인 노릇을 하는 대신 난 단풍나무가 가득 심어진 길에 있는 안락한 아파트 한 채를 내 또래 미혼 여성과 함께 쓰고 있다. 줄무늬가 있는 길고양이 두 마리도 얼마 전 가족이 됐다. 길 건너편에는 내가 투표하러 가는 초등학교가 있고 모퉁이에는 맛있는 커피를 파는 커피숍이 있다. 몇 년 사귄 남자친구는 열차로 세 정거장 떨어진 곳에 산다.

나는 어려서 미지의 미래를 무척 두려워했다. 그때의 내가 지금 나를 본다면 아마 기뻐할 것이다. 현재의 나는 덜 불안해하며 살고 있다.

상대적인 안정감은 선택의 부담을 덜어준다. 나는 운 좋게도 삶의 중심을 개인이 선택할 수 있는 문화권과 사회 계층에 속해

살고 있다. 이런 삶에서 가장 중요하면서도 가장 얻기 힘든 운은 꿈을 이루는 데 쓸 수 있는 적절한 자금을 확보하는 것이 아닐까 생각한다. 내 삶의 궁극적인 목적지가 보이지 않는다는 것 때문에 한때는 중압감을 느꼈지만, 지금은 그것을 행운으로 받아들인다. 전적으로 내 뜻에 따라 삶을 만들어갈 수 있는, 내게 주어진 이 자유는 대대로 우리 집안 여자들 사이에서는 전례를 찾아볼 수 없는 특권이다.

하지만 사실상 모든 것이 낙관적이기만 한 것은 아니다. 나는 언제든 일자리를 잃을 수 있고 언젠가는 그렇게 될 것이다. 나는 정말 뛰어난 사람들마저 때로는 자기 노동력의 가치를 줄여서 제시해야 할 만큼 변덕스러운 산업에 종사한다. 우리 세대의 많은 이들이 너무나도 잘 아는 것처럼 노동력의 시장가치는 값이 상대적으로 매겨진다.

나는 2008년 세계적인 금융위기가 발생하고 몇 달 후에 인문학 졸업장을 받았다. 대학생 신분으로 보낸 마지막 해는 경제적으로 매우 불안해서 최저 임금을 받고 마트에서 일하거나 햄버

거 가게에서 시간제로 일할 자리조차 구할 수 없었다. 이후 1년은 임시직을 소개받거나 베이비시터 일을 찾아 헤매면서 띄엄띄엄 일하거나 무직인 상태로 보냈다. 졸업 후 첫 번째 겨울, 난 남자친구와 같이 살기 시작했고 남자친구가 월세를 부담해줬다.

오늘날 다들 자신을 중산층이라고 여기기는 하지만, 중산층에게 맞는 은행 잔액을 가진 사람이 결혼 가능성도 더 크다. 나는 중산층 부모에게서 태어났지만, 스물네 살이 되니 나 자신이 중산층이라고 여길 수 없게 됐다. 내가 처한 상황이 달랐더라면 난 더 결단력 있게 행동했을지도 모른다. 결혼을 했을 수도 있고, 어쩌면 애인을 남겨두고 배낭여행을 떠났을지도 모른다.

오늘날 연애나 가족을 꾸리는 일에 대한 대부분의 대화는 선택이라는 궤도를 따라 돈다. 결혼은 더는 자녀를 키우기 위한 전제조건이 아니고, 자녀를 낳고 기르는 것 역시 결혼을 하면 당연히 따라오는 것이 아니게 됐다. 사회적으로도 개인의 만족은 가장 중요한 부분으로 꼽힌다. 다만, 문제는 돈이다.

2011년에 실시한 한 조사에 따르면 실업률이 1%씩 올라갈 때마다 이혼율도 그만큼 낮아진다고 한다. 경제적인 어려움을 맞이한 불행한 부부에게 다시 불꽃 튀는 사랑이 시작되어서가 아니다. 오히려 그 반대다. 조사에 참여한 부부 중 4분의 1 가까운 수가 관계가 악화됐다고 답했으며, 나머지 4분의 3은 좋아지지도 나빠지지도 않았다고 했다. 살아남으려면 포기해야 하는 것도 있다. 경제적 안정성을 위해 사람들은 힘든 결혼 생활을 견디는 것이다.

그 이유는 뻔하다. 결혼한 부부는 그렇지 않은 커플에 비해 더 많은 순자산을 유지하기 때문이다. 이혼한 부부는 애초부터 독신이었던 사람보다 상황이 더 나빠지며, 기본 수준의 경제적 안정을 누리지 못할 거라면 아예 결혼하지 않았을 가능성이 크다.

배우자와의 관계에서 행복을 가장 많이 느끼고 관계를 가장 오래 유지하는 여성은 대학교육을 마친, 재정적 안정을 주요 목표로 삼지 않는 이들이다. 친밀감과 동료애, 그리고 약간의 안정성이 관계가 잘 굴러가게 해주기 때문이다.

여기서 '잘 굴러간다'라는 말은 감정적으로 지지를 받고 안정성을 느낀다는 것을 의미한다. 설거지를 하거나 관리비를 낼 때 배우자에게 도움의 손길을 받을 수 있는 특별한 혜택도 포함한다.

그런데도 남자와 결혼한 여성은 남편에 비해 덜 행복하다. 여성은 가사노동을 전적으로 담당해야 하고, 일정과 약속을 관리해야 하며, 식구들이 옷을 입고 밥을 먹을 수 있도록 보살펴야 한다. 그래서 여성이 이혼 신청을 하는 경우가 더 많으며, 이혼을 해서 더 행복해지는 것도 여자 쪽이다(남자는 그 반대다).

대체로 여성은 수 세기 동안 혼자 힘으로 생활할 수 있도록 사회에 적응했다. 우리는 자신이 무엇을 원하고 자신을 어떻게 돌봐야 하는지 알고 있으며, 어머니와 할머니 세대보다 배우자의 짐을 덜 지는 경향이 있다. 우리 세대 여성의 평균 수명은 더 길어졌고 혼전 성관계나 혼외 임신 때문에 사회적으로 배척당하는 일도 줄었다. 결혼해서 정착하는 것보다 경력이나 우정에 우선순위를 두는 여성의 비중이 증가하고 있다. 자신에게 맞는 짝을 찾는 것보다 신체 나이의 증가 속도를 늦추는 데 투자하는 여성도 늘고 있다.

여자들은 경제적·정치적 자본을 축적해왔지만 남자들은 그에 맞춰 사회적·감정적으로 발전하지 못했다. 이러한 현시대의 난제 때문에 우리는 난처해졌다. 여성의 기준은 당연히 높지만, 기대 수준은 그렇지 않다. 왜곡된 성 역학 때문이다. 일부 여성에게 해결책은 정착하는 것이다. 그런 선택을 한 여성은 이성과 함께 하는 삶에 대한 대가로 엄청난 감정 노동의 부담을 떠안아야 한다. 우리 모두가 사회적 변화의 선두에 설 수는 없다. 선택의 자유를 누리는 것은 때때로 더 많은 수고를 의미함을 기억해야 한다.

어쩌면 대안은 우리 중 점점 더 많은 사람이 핵가족이라는 경계를 넘어서 공동체를 만드는 것일 수도 있다. 어쩌면 가족 관계를 친구와 애인으로까지 확장함으로써 우리의 많은 요구를 더 수월하게 채울 수도 있다. 또 어쩌면 다양한 유형의 친밀한 관계가 지닌 가치를 인식하여 현재 연애 관계가 주는 압박감을 덜 수도 있다. 이런 대안을 선택할 수 있다면 이별은 그다지 어려운 일이 아닐 수도 있다. 마음을 다해 앞으로 나아갈 준비를 하자.

참고자료

성경 사이트 Biblehub, "고린도전서 7: 5-6" http://biblehub.com/esv/1_corinthi-ans/7. htm, 2016

엘리자베스 애벗, 《결혼의 탄생: 동성 결합에서 사적인 맹세와 사실혼까지, 놀랍게도 다양한 전통A History of Marriage: From Same Sex Unions to Private Vows and Common Law, the Surprising Diversity of Tradition》, Seven Stories Press, 2011

브라이언 알렉산더, 〈왜 이별이 남자에게 더 힘든가Why Breakups Are Harder on Men〉, Glamour, 2016/04/04, https://www.glamour.com/story/why-breakups-are-harder-on-men-glam-our-magazine-october-2012

사샤 애슬러니언, 〈이혼한 부모의 아이: 1970년대 이혼 혁명의 이야기Divorced Kid: Stories from the 1970s Divorce Revolution〉, American Public Media, 2010/01/03, https://divorcedkid.wordpress.com/a-divorce-revolution/

베스 베일리, 백준걸 역, 《데이트의 탄생: 자본주의적 연애제도》, 앨피, 2015

데이비드 L. 볼치, 캐럴린 오시에크, 《초기 기독교 가족: 여러 분야에서의 대화Early Christian Families in Context: An Inter-disciplinary Dialogue》, William B. Eerdmans Pub, 2003.

테스 바커, 〈그 착한 남자와 헤어져야 하는지 판단하는 법How to Tell If You Should Break Up with That Nice Guy〉, MTV, 2015/07/10, http://www.mtv.com/news/2204879/break-up-nice-guy/

미셸 배럿, 케이시 윅스, 《오늘날 여성 억압: 마르크스주의자와 페미니즘의 만남Women's Oppression Today: The Marxist/ Feminist Encounter》, Verso Books, 2014

시몬 드 보부아르, 이희영 역, 《제2의 성》, 동서문화동판, 2017

존 베넷, 《젊은 숙녀에게 보내는 편지: 마음을 향상시키고, 예의를 갖추고, 이해력을 높이기 위한 유용하고 흥미로운 주제에 관하여Letters to a Young Lady on a Variety of Useful and Interesting Subjects Calculated to Improve the Heart, to Form the Manners and to Enlighten the Understanding》, Hudson & Goodwin, 1798

그렉 버렌트, 아미라 루오톨라 버렌트, 이수연 역, 《끝났으니까 끝났다고 하지》, 해냄출판사, 2005

헨리 박스 브라운, 《헨리 박스 브라운의 이야기》, Andesite Press, 2015

안드레아스 카펠라누스, J. J. 패리 역, 《궁정연애의 기술The Art of Courtly Love》, W. W. Norton & Company, 1969

크리스티나 카우테루치, 〈수많은 젊은 동성애자 여성에게 레즈비언이 위험한 상속을 한다For Many Young Queer Women, Lesbian Offers a Fraught Inheritance〉 Slate, 2016/12/20, http://www.slate.com/blogs/outward/2016/12/20/young_queer_women_don_t_like_les-bian_as_a_name_here_s_why.html

크리스티나 카우테루치, 〈전보다 더 많은 미혼 미국인이 동거하고 있다More Unmarried Americans than Ever Are Cohabiting〉 Slate, 2017/04/07, http://www.slate.com/blogs/xx_factor/2017/04/07/more_un-married_americans_than_ever_are_cohabitating.html

크리스틴 셀렐로, 하난 콜로시 《가정 내 긴장감, 나라의 불안: 결혼, 위기 및 국가에 관한 세계적 관점Domestic Tensions, National Anxieties: Global Perspectives on Marriage, Crisis, and Nation》, Oxford University Press, 2016

앤 로렌 체임버스, '4장 법이 더 유익했더라면If the Laws Were Made More Salutary', 《빅토리아 시대 온타리오의 기혼 여성과 재산법Married Women and Property Law in Victorian Ontario》, University of Toronto Press, 1997, 70-91, doi: www.jstor.org/sta-ble/10.3138/9781442677098.9

조지 베럴 치버 외, 《운문과 산문으로 표현한 뉴욕 유니언스퀘어의 청교도 교회 목사인 조지 B. 치버 신학박사와 그의 부인 엘리자베스 웨트모어 치버의 기록Memorabilia of George B. Cheever, D.D., Late Pastor of the Church of the Puritans, Union Square, New York, and of His Wife Elizabeth Wetmore Cheever in Verse and Prose》, Wiley, 1890

미셸 첸, 〈학생 융자금의 2/3를 갚아야 하는 여성, 이는 천천히 불에 타고 있는 위기를 의미한다Women Owe Two-thirds of Student Loan Debt. This Points to a Slow-burning Crisis〉 The Guardian, 2017/06/21, https://www.the-guardian.com/commentisfree/2017/jun/21/women-two-thirds-student-loan-debt-slow-burning-crisis

앤드루 J. 첼린,《오늘날 미국의 결혼과 가족The Marriage-Go-Round: The State of Marriage and the Family in America Today》, Vintage Books, 2010

아리안 처녹,《남성과 현대 영국 페미니즘의 형성Men and the Making of Modern British Feminism》, Stanford University Press, 2010

엘리자베스 앨리스 클레먼트,《사랑을 팝니다: 1900-1945년 뉴욕시에서 있었던 구애, 간청, 매춘Love for Sale: Courting, Treating, and Prostitution in New York City, 1900-1945》, University of North Carolina Press, 2006

셰릴 앤 코디, '판매와 이별: 1764-1854년 밸 농장에서 일한 노예 여성이 겪은 네 가지 위기Sale and Separation: Four Crises for Enslaved Women on the Ball Plantations, 1764-1854',《자유를 향한 노력: 노예 사회와 미국 남부의 경제Working toward Freedom: Slave Society and Domestic Economy in the American South》, University of Rochester Press, 1994, 119-139

M. 코헨, 〈여성과 혁신주의 운동Women and the Progressive Movement〉, Gilder Lehrman Institute of American History, 2012, https://www.gilderlehrman.org/history-by-era/politics-reform/essays/women-and-progressive-movement

T. D. 콘리 외, '합의적 비일처제 관계에 관한 조사Investigation of Consensually Nonmonogamous

Relationships', 《심리과학에 관한 관점Perspectives on Psychological Science》, 12, no. 2, 2017, 205-232, doi: 10.1177/1745691616667925

스테파니 쿤츠, 김승욱 역, 《진화하는 결혼》, 작가정신, 2009

스테파니 쿤츠, 《이상한 동요: 《여성성의 신화》와 1960년대 초반의 미국 여성A Strange Stirring: 'The Feminine Mystique' and American Women at the Dawn of the 1960s》, Basic Books, 2012

레베카 L. 데이비스, 〈'결혼이 아니라 단순한 매춘': 우애결혼 논쟁 "Not Marriage at All, but Simple Harlotry": The Companionate Marriage Controversy〉, Journal of American History, 94, no. 4, 2008, 1137-1163, doi: 10.2307/25095323

그레이스 H. 〈노동 여성의 삶Glimpses into the Lives of Working-Women〉, 4th ed., vol. 23, 1890

코너 도네반, 〈밀레니엄 세대가 경험하는 동거의 변천Millennials Navigate the Ups and Downs of Cohabitation〉, NPR, 2014/11/01, http://www.npr.org/2014/11/01/358876955/millennials-navigate-the-ups-and-downs-of-cohabitation

시어도어 드라이저, 송은주 역, 《시스터 캐리》, 문학동네, 2016

클레어 버지니아 에비, 《선택이 우리를 갈라놓을 때까지: 혁신주의 시대의 결혼 혁명Until Choice Do Us Part: Marriage Reform in the Progressive Era》, University of Chicago Press, 2014

G. H. 엘더, 〈결혼 이동성과 관련된 외모와 교육Appearance and Education in Marriage Mobility〉, American Sociological Review, 34, no. 4, 1969, 519, doi: 10.2307/2091961

《브리태니커 백과사전》, "세미놀 전쟁Seminole Wars", Encyclopædia Britannica, https://www.britannica.com/topic/Seminole-Wars, 2016/07/21

프리드리히 엥겔스, 김대웅 역, 《가족, 사유재산, 국가의 기원》, 두레, 2012

폴 핑켈만, 〈스콧 V. 샌드포드: 법원 역사상 가장 무서운 사건이 역사를 어떻게 변화시켰나Scott V. Sandford: The Court's Most Dreadful Case and How It Changed History〉, Chicago-Kent Law Review, 82, 2006, 3-48, https://scholarship.kentlaw.iit.edu/cgi/viewcontent.cgi?referer=&httpsredir=1&article=3570&context=cklawreview

슐라미스 파이어스톤, 김민예숙, 유숙열 역, 《성의 변증법: 페미니스트 혁명을 위하여》, 꾸리에, 2016

스콧 피츠제럴드, 이화연 역, 《낙원의 이편》, 펭귄클래식코리아, 2011

〈'말괄량이'의 시대가 왔다The "Flapper" Has Her Turn〉, New York Times, 1918/02/08, https://times-machine.nytimes.com/timesmachine/1917/02/08/issue.html

베티 프리단, 김현우 역, 《여성성의 신화》, 갈라파고스, 2018

갈라디아서Galatians 5: 16-17, New International Version, Biblica, 2011, biblehub.com

리처드 가드너, 《아이들을 위한 이혼에 관한 책The Boys and Girls Book about Divorce》, Bantam Books, 1985

깁슨, 캠벨, 케이 정, 〈1850-2000년 외국에서 태어난 미국인들의 역사적 인구 통계Historical Census Statistics on the Foreign-Born Population of the United States: 1850-2000〉, Working Paper No. 81, US Census Bureau, 2006, https://www.census.gov/population/www/documentation/twps0081/twps0081.html

프랜시스 가이스, 조지프 가이스, 《중세 시대 결혼과 가족Marriage and the Family in the Middle Ages》, Harper & Row, 2000

클라우디아 골딘, 〈1890-1980년 여성 노동력과 미국의 경제 성장The Female Labor Force and American Economic Growth, 1890-1980〉, 미국 경제 성장의 장기적 요인Long-Term Factors in American Economic Growth, University of Chicago Press, 1986, 557-604, doi: http://www.nber.org/chapters/c9688.pdf

클라우디아 골딘, 〈성별 차이Gender Gap〉, The Concise Encyclopedia of Economics, 2002. http://www.econlib.org/library/Enc1/GenderGap.html

클라우디아 골딘, 〈1870-1920년 독신 여성의 일과 임금The Work and Wages of Single Women, 1870 to 1920〉, Journal of Economic History, 40, no. 1, 1980, 81-88, doi: 10.1017/s0022050700104565

옘마 골드만, 김시완 역, '여성 거래', 《저주받은 아나키즘》, 우물이있는집, 2001

다를린 고링, 〈미국의 노예결혼사The History of Slave Marriage in the United States〉, Louisiana State University Law Center, 2006, 299-347, https://digitalcommons. law.lsu.edu/cgi/viewcontent.cgi?referer=&httpsredir=1&article=1262&context=faculty_scholarship

캐나다 재무부, 〈캐나다의 학생 부채 정치경제학The Political Economy of Student Debt in Canada〉, 2017/03, http://cfs-fcee.ca/wp-content/uploads/sites/71/2017/04/PESD-Booklayout-final.pdf

세라 그랜드, 〈여성 문제의 새로운 양상The New Aspect of the Woman Question〉, North American Review, 158, no. 448, 1894, 270-276, https://www.jstor.org/stable/25103291

타비아 그랜트, 〈캐나다 통계청의 결혼 및 이혼율 조사Statistics Canada to Stop Tracking Marriage and Divorce Rates〉, The Globe and Mail, 2011/07/20

존 그레이, 《화성과 금성을 넘어서: 오늘날 복잡한 세상을 위한 관계 기술Beyond Mars and Venus: Relationship Skills for Today's Complex World》, BenBella Books, 2017

마이클 그린스톤, 애덤 루니, 〈결혼 차: 경제 기술적 변화가 결혼율에 미치는 영향The Marriage Gap: The Impact of Economic and Technological Change on Marriage Rates〉, Hamilton Project, 2012/02/02 http://www.hamiltonproject.org/papers/the_mar-riage_gap_the_impact_of_economic_and_technological_change_on_ma

G. V. 해밀턴, 《결혼에 관한 조사A Research in Marriage》, A & C Boni, 1929

피터 핸들, 〈《여성성의 신화》 50주년: 여성 산업 노동자에 대한 프리단의 글을 재발견하다50th Anniversary of "The Feminine Mystique": Friedan's Rediscovered Writings

on Industrial Working Women.' Truthout〉, 2013/07/21, http://www.truth-out.
org/opinion/item/17581-50th-anniversary-of-the-feminine-mystique-friedans-
rediscovered-writings-on-industrial-working-women

마리사 A. 해리슨, 제니퍼 C. 쇼탈, 〈사랑에 빠진 여성과 남성: 누가 사랑을 진정으
로 느끼며 먼저 고백하는가?Women and Men in Love: Who Really Feels It and
Says It First?〉, Journal of Social Psychology, 151, no. 6 (2011): 727-736. doi:
10.1080/00224545.2010.522626

〈착한 남자와 헤어진 적이 있나요?Have You Ever Broken Up with a Good Guy?〉, Reddit,
2015/08/30, https://www.reddit.com/r/AskWomen/comments/3iykd3/have_
you_ever_broken_up_with_a_good_guy

조지프 M. 호스, 엘리자베스 F. 쇼어스, 《미국의 가족 백과사전The Family in America: An
Encyclopedia》, Vol. 2: 799, ABC-CLIO, 2001

N. 헤켈, 《성, 사회, 그리고 중세 여성Sex, Society and Medieval Women》, University
of Rochester Libraries, n.d. https://www.library.rochester.edu/robbins/
sexsociety#eleanor

벤 헨리, 〈임신한 비욘세, 그리고 우리만큼 흥분한 유명인들Beyoncé Is Pregnant and
Celebrities Are Just as Excited as We Are〉, Buzzfeed, 2017/02/02, https://www.
buzzfeed.com/benhenry/congrats-to-my-best-friend-beyonce

셜리 A. 힐, 〈아프리카계 미국인 여성 간의 결혼: 젠더의 관점Marriage among African
American Women: A Gender Perspective〉, Journal of Comparative Family Studies,
37, no. 3, 2006, 428-428, http://www.jstor.org/stable/41604091?seq=1#page_
scan_tab_contents

로버트 V. 하인, 존 맥 패러거, 존 T. 콜먼, '도시 국경The Urban Frontiere', 《미국 서부: 새
롭게 해석한 역사The American West: A New Interpretive History》, Yale University
Press, 2000

벨 훅스, 윤은진 역, 《페미니즘: 주변에서 중심으로》, 모티브북, 2010

대니얼 호로비츠, 〈베티 프리단과 여성성의 신화를 재고하다: 냉전 시대 노동조합 급진주의와 페미니즘Rethinking Betty Friedan and The Feminine Mystique: Labor Union Radicalism and Feminism in Cold War America〉, American Quarterly, 48, no. 1, 1996, 1–42, doi: 10.1353/aq.1996.0010

앨런 헌트, 《도덕의 지배: 도덕 규제의 사회사Governing Morals: A Social History of Moral Regulation》, Cambridge University Press, 2009

테라 W. 헌터, 〈전전戰前의 신화 잠재우기Putting an Antebellum Myth to Rest〉, New York Times, 2011/08/02, http://www.nytimes.com/2011/08/02/opinion/putting-an-antebellum-myth-about-slave-families-to-rest.html

테라 W. 헌터, 《결혼으로 잇다: 19세기 노예와 자유로운 흑인 결혼Bound in Wedlock: Slave and Free Black Marriage in the Nineteenth Century》, The Belknap Press of Harvard University Press, 2017

테라 W. 헌터, 〈노예 부부와 가족은 종종 경매대 위에서 산산조각이 났다Slave Marriages, Families Were Often Shattered by Auction Block〉, 흑인 역사의 새로운 발견 시리즈 New Discoveries in Black History, NPR, 2010/02/11

줄리 아이어튼, 조시 블로흐, 〈친구 2명이 일곱 살 남자아이의 합법적 '공동 엄마'가 되기 위해 투쟁하고 승리한 사연How Two Friends Fought to Be Legal "Co-mommas" to a 7-Year-Old Boy-and Won〉, The Current. CBC Radio, 2017/02/21, http://www.cbc.ca/radio/thecurrent/the-current-for-february-21-2017-1.3991287/how-two-friends-fought-to-be-legal-co-mommas-to-a-7-year-old-boy-and-won-1.3991307

애덤 이센, 벳시 스티븐슨, 〈여성 교육과 가족의 태도: 결혼, 이혼, 출산의 추세Women's Education and Family Behavior: Trends in Marriage, Divorce and Fertility〉, NBER Working Paper No. 15725, 2010, doi: 10.3386/w15725

〈장마르탱 샤르코 Jean-Martin Charcot: 1825-1893〉, 과학 오디세이: 사람과 발견A Science Odyssey: People and Discoveries, PBS, 1998, http://www.pbs.org/wgbh/aso/databank/entries/bhchar.html

헤이즐 존스, 《제인 오스틴과 결혼Jane Austen and Marriage》, Continuum International Publishing Group, 2009

노턴 저스터, 《여자가 사는 곳: 어제의 미국 농촌 여성A Woman's Place: Yesterday's Women in Rural America》, Fulcrum Pub, 1996

윌리엄 로렌 카츠, 《흑인 인디언: 숨겨진 유산Black Indians: A Hidden Heritage》, Atheneum Books for Young Readers, 2012

토머스 키스, 《현대 미국 문화의 남성성: 남성 정체성의 복잡성과 도전에 대한 공통 접근법Masculinities in Contemporary American Culture: An Intersectional Approach to the Complexities and Challenges of Male Identity》, Taylor & Francis, 2016

앨리스 케슬러-해리스, 《출근하다: 임금을 받는 미국 여성의 역사Out to Work: A History of Wage-Earning Women in the United States》, Oxford University Press, 1982

B. 조리나 칸, 《발명의 민주화: 미국 경제 발전의 특허와 저작권The Democratization of Invention: Patents and Copyrights in American Economic Development, 1790-1920》, Cambridge University Press, 2009

메리 라셀, 《젊은 여성 노동자The Young Woman Worker》, Pilgrim Press, 1914

스튜어트 라비에트, 〈리처드 가드너 72세 나이로 생을 마감하다; 학대 주장에 대한 의심Richard Gardner, 72, Dies; Cast Doubt on Abuse Claims〉, New York Times, 2003/06/08, http://www.nytimes.com/2003/0609/nyregion/richard-gardner-72-dies-cast-doubt-on-abuse-claims.html

미의회법학도서관, 〈기혼 여성의 재산법Married Women's Property Laws〉, American Women, https://memory.loc.gov/ammem/awhhtml/awlaw3/property_law.html

〈조건 만남에 대하여Learn About Mutual Arrangements〉, SeekingArrangement, https://www.seekingarrangement.com/what-is-an-arrangement

매슈 L. 리플랜더, 〈뉴욕을 바꾼 비극The Tragedy That Changed New York〉, New York Archives, 2011, https://www.sutori.com/item/the-triangle-shirtwaist-factory-catches-fire-march-25-1911-the-tr

앨리슨 린, 〈'왜 결혼한 사람이 더 부유해지는가'라는 복잡한 문제Why Married People Tend to Be Wealthier: It's Complicated〉, Today, 2013/02/13, https://www.today.com/money/why-married-people-tend-be-wealthier-its-complicated-1C8364877

오드리 로드, 〈나이, 인종, 계층, 그리고 성Age, Race, Class, and Sex〉, 아웃사이더 자매: 에세이와 연설Sister Outsider: Essays and Speeches, Crown Publishing, 1984

커린 로, 《성 경제학에 관한 에세이 모음Essays in Gender Economics》, Columbia University Academic Commons, 2014, doi: https://academiccommons.colum-bia.edu/catalog/ac:175735

앨런 맥팔레인, 《자본주의의 문화The Culture of Capitalism》, B. Blackwell, 1989

매고운, 호러스 윈첼, 루이즈 H. 마셜, 《20세기 미국 신경과학: 신경, 행동, 의사소통의 융합American Neuroscience in the Twentieth Century: Confluence of the Neural, Behavioral, and the Communicative Streams》, Swets and Zeitlinger, 2003

E. M. 맨들, 〈말괄량이가 입을 열다A Flapper Speaks〉, New York Times, 1921/12/31, https://timesmachine.nytimes.com/timesmachine/1921/12/31/98780616.html

레이철 마틴, 〈불륜의 수 살피기Sorting Through the Numbers on Infidelity〉, NPR, 2015/07/26, http://www.npr.org/2015/07/26/426434619/sorting-through-the-numbers-on-infidelity

알릭스 메이어, 〈자본주의의 성과 '섹스에 긍정적인 페미니즘'Capitalist Sexuality and "Sex-

Positive Feminism."〉 Anti-Imperialism, 2017/02/23, https://anti-imperialism. org/2016/07/11/capitalist-sexuality-and-sex-positive-feminism

존 맥더못, 〈보수주의자들은 왜 성별 임금 격차를 '신화'라고 생각하는가Why Conservatives Think the Gender Pay Gap Is a "Myth."〉, Mel, 2017/04/28, https:// melmagazine.com/why-conservatives-think-the-gender-gap-is-a-myth-7b0c604d6409

루이스 메난드, 〈폭탄 같은 책Books as Bombs〉, New Yorker, 2011/01/24, http://www. newyorker.com/magazine/2011/01/24/books-as-bombs

케빈 밀러, 〈성별 임금 격차에 관한 단순한 진실The Simple Truth about the Gender Pay Gap〉, American Association of University Women, 2017, http://www.aauw.org/ research/the-simple-truth-about-the-gender-pay-gap

쇼나 밀러, 〈동거를 넘어: 레즈비언 관계가 어떻게 변화하고 있는가Beyond the U-Haul: How Lesbian Relationships Are Changing〉, The Atlantic, 2013/07/03, https:// www.theatlantic.com/sexes/archive/2013/07/beyond-the-u-haul-how-lesbian-relationships-are-changing/277495

스티븐 민츠, 수전 켈로그, 《가정 내 혁명: 미국 가정생활의 사회사Domestic Revolutions: A Social History of American Family Life》, Free Press, 1989

미스프레디커먼트MissPredicament, 〈어떤 이유에서건 또는 아무런 이유 없이도 헤어질 수 있습니다. 꼭 '그럴듯한 이유'가 있어야 관계를 끝낼 수 있는 건 아니에요PSA: You can break up with someone for any reason, or for no reason at all. You don't have to have a "good reason" to end a relationship〉, Reddit, 2015/09/13, https:// www.reddit.com/r/TwoXChro-mosomes/comments/3ktwrh/psa_you_can_break_up_with_someone_for_any_reason

무어, 피오나, 클레어 캐시디, 데이비드 I. 페렛, 〈배우자 선호도에 대한 성별 간 차이에 자원 통제가 미치는 영향The Effects of Control of Resources on Magnitudes of Sex

Differences in Human Mate Preferences〉, Evolutionary Psychology, 8, no. 4, 2010, doi: 10.1177/147470491000800412

무어, 레인, 코스모 프랭크, 〈남자가 생각하기에 로맨틱하지만 사실은 그렇지 않은 것 아홉 가지9 Things Guys Think Are Romantic, but Aren't〉, Cosmopolitan, 2015/07/21, http://www.cosmopolitan.com/sex-love/news/a44155/things-guys-think-are-romantic-but-arent

멜리사 모이서, 〈여성과 유급 노동Women and Paid Work〉, Statistics Canada, 2017/03/09, http://www.statcan.gc.ca/pub/89-503-x/2015001/article/14694-eng.htm

너태시, 〈레즈비언과 헤어지기… 한 번이라도How to Break Up with a Lesbian … Once〉, Curve, 2016/01/15, http://www.curvemag.com/Advice/How-to-Break-Up-with-a-LesbianOnce-877

마사 프레스코드 노먼, 〈어둠 속에서 빛나는: 흑인 여성과 투표를 위한 투쟁Shining in the Dark: Black Women and the Struggle for the Vote, 1955-1965〉, African American Women and the Vote, 1837-1965. University of Massachusetts Press, 1997

엘리자베스 오브라이언, 〈결혼은 부부의 재정에 도움이 됩니다: 당신과 당신의 배우자는 옳은 길로 가고 있습니까?Marriage Is Good for Couples' Finances: Are You and Your Spouse on the Right Track?〉, Time, 2016/08/23, http://time.com/money/4455829/marriage-good-for-couples-finances-tell-your-story

마거릿 올리리, 〈말괄량이에 대하여More Ado about the Flapper〉, New York Times, 1922/04/16, https://timesmachine.nytimes.com/timesmachine/1922/04/16/107051068.html

오비디우스, 김원익 역, 《사랑의 기술: 이천 년을 이어온 작업의 정석》, 메티스, 2016

밴스 패커드, 〈광고와 자아The Ad and the Id〉, Harper's Bazaar, 1957/08, http://ezproxy.nypl.org/login?url=https://search.proquest.com/docview/1832461330?accountid=35635

홀리 패튼, 〈가장 힘들었던 이별은 착한 남자와 헤어졌을 때다The Hardest Break-up I Ever Had Was with a Nice Guy〉, Hello Giggles, 2015/08/12, http://hellogiggles. com/break-up-nice-guy/

노만 V. 필, 이정빈 역 《적극적 사고방식》, 지성 문화사, 2015

캐시 페이스, 《저렴한 오락: 세기의 전환기에 뉴욕에서 일하는 여성과 여가Cheap Amusements: Working Women and Leisure in Turn-of-the-Century New York》, Temple University Press, 1986

퓨리서치, 〈결혼의 몰락과 새로운 형식의 가족 탄생The Decline of Marriage and Rise of New Families〉, Social and Demographic Trends, 2010/11/17, http://www.pewsocial-trends.org/2010/11/18/the-decline-of-marriage-and-rise-of-new-families

퓨리서치, 〈새로운 미국 아버지The New American Father〉, Social and Demographic Trends, 2013/06/14, http://www.pewsocialtrends.org/2013/06/14/the-new-american-father

퓨리서치, 〈결혼 경험이 없는 미국인의 수가 최고치를 경신하다Record Share of Americans Have Never Married〉, Social and Demographic Trends, 2014/09/23, http://www.pewsocialtrends.org/2014/09/24/record-share-of-americans-have-never-married/#will-todays-never-married-adults-eventually-marry

퓨리서치, 〈전 세계 동성애 결혼Gay Marriage Around the World〉, Religion & Public Life, 2017/08/07, http://www.pewforum.org/2017/06/30/gay-marriage-around-the-world-2013/#us

퓨리서치, 〈미국에서의 사랑과 결혼에 관한 다섯 가지 사실5 Facts on Love and Marriage in America〉, FactTank, 2017/02/13, http://www.pewresearch.org/fact-tank/2017/02/13/5-facts-about-love-and-marriage

클레멘시 플레밍, 〈사랑은 중세 시대에 시작됐나?Did Love Begin in the Middle Ages?〉, University of Oxford Arts Blog, 2014/08/14, http://www.ox.ac.uk/news/arts-blog/

did-love-begin-middle-ages

플루타르크, 이성규 역, 《플루타르크 영웅전》, 현대지성사, 2013

줄리아 푸가체브스키, 브렛 S. 베르가라, 〈남자들이 사과의 꽃다발을 바치는 일을 그만둬야 하는 이유는 바로 이것이다This Is Why Guys Should Stop Giving "I F**ked Up" Flowers〉, BuzzFeed, 2015/01/28, https://www.buz-zfeed.com/juliapugachevsky/this-is-why-guys-should-stop-giving-i-fked-up-flowers

세라 래치포드, 〈왜 나는 남자와의 연애를 포기하고 집에만 있는가Why I'm Giving Up Dating Men and Just Staying Home〉, Flare, 2017/02/09, http://www.flare.com/relating/stay-at-home-club-giving-up-dating

앨리스 롭, 〈왜 이혼 얘기를 꺼내는 여성이 남성보다 더 많은가Why Women Are More Likely Than Men to Initiate a Divorce〉, New York Times, 2015/08/24, https://nytlive.nytimes.com/womenintheworld/2015/08/24/why-women-are-more-likely-than-men-to-initiate-a-divorce

스티븐 V. 로버츠, 〈캘리포니아 스타일의 이혼, 불안한 서부에 관한 성찰을 요구하다Divorce, California Style, Called a Reflection of the Restless West〉, New York Times, 1970/01/01, http://www.nytimes.com/1970/01/01/archives/divorce-california-style-called-a-reflection-of-the-restless-west.html

새디어스 러셀, 이정진 역, 《불한당들의 미국사》, 까치, 2012

J. 사카이, 《이주민들: 백인 프롤레타리아의 신화Settlers: The Mythology of the White Proletariat》, Morningstar Press, 1989

메어리 린든 쉐인리, 〈영국의 선거권, 보호 노동법 및 기혼 여성 재산법Suffrage, Protective Labor Legislation, and Married Women's Property Laws in England〉, Signs: Journal of Women in Culture and Society, 12, no. 1, 1986, 62–77, doi: http://www.journals.uchicago. edu/doi/10.1086/494297

브렌덴 슈카트, 〈숫자로 보는 집단혼Polyamory by the Numbers〉, Advocate, 2016/01/08, https://www.advocate.com/current-issue/2016/1/08/polyamory-numbers

린다 사이먼, 《우리가 잃은 소녀들: 말괄량이의 탄생Lost Girls: The Invention of the Flapper》, Reaktion Books, Limited, 2017

제임스 P. 스미스, 마이클 P., 〈여성의 임금과 20세기의 일Women's Wages and Work in the Twentieth Century〉, National Institute of Child Health and Human Development, 1984/10, https://www.rand.org/content/dam/rand/pubs/ reports/2007/ R3119.pdf

마리 C. 스톱스, 《부부애Married Love》 Vol. 7, Putnam's Sons, 1919

셰릴 스트레이드, 〈디어 슈거, 럼퍼스 조언 칼럼 #77: 마음속 진실Dear Sugar, The Rumpus Advice Column #77: The Truth That Lives There〉, The Rumpus, 2011/06/11, http://therumpus.net/2011/06/dear-sugar-the-rumpus-advice-column-77-the-truth-that-lives-there

셰릴 스트레이드, 우진하 역, 《와일드: 4285km, 이것은 누구나의 삶이자 희망의 기록이다》, 나무의철학, 2012

H. 섬너, 〈상원 보고서: 미국 산업 내 여성의 역사Senate Report: History of Women in Industry in the United States〉, 페미니즘: 본질적 역사 서술Feminism: The Essential Historical Writings, Vintage Books, 1972.

레이첼 A. 서스만, 나선숙 역, 《똑똑하게 이별하라: 이별 후 힘겨운 시간을 보내는 당신을 위한 힐링 카운슬링》, 시공사, 2012

마이클 테드맨, 《투기꾼과 노예: 올드 사우스의 주인, 상인, 그리고 노예Speculators and Slaves: Masters, Traders and Slaves in the Old South》, University of Wisconsin Press, 1996

세실리아 타스카 외, 〈정신건강사에 나타난 여성과 히스테리Women And Hysteria In The History Of Mental Health〉, Clinical Practice & Epidemiology in Mental Health, 8, no. 1 (2012): 110-119. doi: 10.2174/1745017901208010110

《젊은 숙녀를 위한 책: 지적 향상과 도덕적 행실 안내서The Young Lady's Own Book: A Manual of Intellectual Improvement and Moral Deportment》, PA: John Locken, 1841

수전 그레고리 토머스, 〈이혼 세대The Divorce Generation〉, The Wall Street Journal, 2011/07/09, https://www.wsj.com/articles/SB1000142405270230354460457643 0341393583056

트레이시 A. 토머스, 《엘리자베스 캐디 스탠턴과 가족법에 대한 페미니즘적 기초Elizabeth Cady Stanton and the Feminist Foundations of Family Law》, New York University Press, 2016

데릭 톰프슨, 〈미국의 결혼 위기가 소득 불평등을 어떻게 더 악화하는가How America's Marriage Crisis Makes Income Inequality So Much Worse〉, The Atlantic, 2013/10/01, https://www.theatlantic.com/business/archive/2013/10/how-americas-marriage-crisis-makes-in-come-inequality-so-much-worse/280056

로버트 E. 토머슨, 〈주법에 따라 1년에 4,000명에서 1만 8,000명으로 증가한 이혼 건수 Divorces Rise to 18,000 a Year From 4,000 Under State Law〉, New York Times, 1970/01/04, http://www.nytimes.com/1970/01/04/archives/divorces-rise-to-18000-a-year-from-4000-under-state-law-number-of.html?_r=0

크레티앵 드 트루아, W. W. 키블러, C. W. 캐롤 역, 《아서왕의 소설집Arthurian Romances》, Penguin Group, 1991

미국 노동통계청, 〈2015년 여성 수익의 주요 내용Highlights of Women's Earnings in 2015〉, BLS Reports, no. 1064, 2016/11, https://www.bls.gov/opub/reports/womens-earnings/2015/home.htm

리 밴더벨드, 산디야 수브라마니안, 〈드레드 스콧 부인Mrs. Dred Scott〉, The Yale Law Journal, 106, no. 4, 1997, 1033-1122, doi: 10.2307/797149

샹커 베단텀, 〈결혼 경제학: "나는 이혼할 만한 돈이 없었다"Marriage Economy: "I Couldn't

Afford To Get Divorced.") All Things Considered NPR, 2011/12/20, https://www.npr.org/2011/12/20/144021297/marriage-economy-i-couldnt-afford-to-get-divorced

조너선 베스파, 제이미 M. 루이스, 로즈 M. 크레이더, 〈미국의 가족과 생활 방식America's Families and Living Arrangements: 2012〉 US Census Bureau, 2013/08, https://www.census.gov/prod/2013pubs/p20-570.pdf

케이트 와그너, 도나 밍코위츠, 〈뉴스 뒷이야기: 맥맨션헬과 젠틸 네오나치Behind the News: McMansion Hell and Genteel Neo-Nazis〉, Jacobin Radio, 2017/11/08

웬디 왕, 킴 파커, 폴 테일러, 〈생계를 꾸리는 어머니들Breadwinner Moms〉 Pew Research Center, 2013/05/29, http://www.pewsocialtrends.org/2013/05/29/breadwinner-moms

조이스 W. 워런, 《여성, 돈, 그리고 법: 19세기 소설, 젠더, 법원Women, Money, and the Law: Nineteenth-century Fiction, Gender, and the Courts》 University of Iowa Press, 2005

캐럴린 워시번, 달린 크리스텐센, 〈재정적 조화: 성공적인 결혼 관계의 핵심 요소Financial Harmony: A Key Component of Successful Marriage Relationship〉 The Forum for Family and Consumer Issues, 13, no. 1, 2008, https://projects.ncsu.edu/ffci/publications/2008/v13-n1-2008-spring/Washburn-Christensen.php

벤 와튼버그, 〈앨리스 케슬러-해리스 인터뷰Alice Kessler-Harris Interview〉, The First Measured Century, PBS, n.d. https://www.pbs.org/fmc/interviews/kesslerharris.htm

〈미국의 결혼식 서비스: 시장 연구 보고서Wedding Services in the US: Market Research Report〉, IbisWorld, 2017/08, https://www.ibisworld.com/industry-trends/market-research-reports/other-services-except-public-administration/repair-maintenance/wedding-services.html

모이라 바이겔, 《사랑의 수고: 데이트의 발명Labor of Love: The Invention of Dating》, Farrar, Straus & Giroux, 2016

에밀리 웨스트, 〈이별에서 살아남기: 전쟁 전 사우스캐롤라이나에서 이루어진 다른 농장 소속 노예 간 결혼과 노예 거래Surviving Separation: Cross-Plantation Marriages and the Slave Trade in Antebellum South Carolina〉, Journal of Family History, 24, no. 2, 1999, 215, http://journals.sagepub.com/doi/abs/10.1177/036319909902400205

헬렌 맥캔 화이트, 〈로런스 톨리버 문서 마이크로필름 버전 가이드Guide to a Microfilm Edition of The Lawrence Taliaferro Papers〉, Minnesota Historical Society, 1966, doi: http://www2.mnhs.org/library/findaids/m0035.pdf

W. 브래드퍼드 윌콕스, 〈이혼의 진화The Evolution of Divorce〉, National Affairs, 2009 가을, http://www.nationalaffairs.com/publications/detail/the-evolution-of-divorce

토머스 E. 윌, 〈경합지에서의 결혼식: 전전 시대 남부 지역 내 노예 결혼Weddings on Contested Grounds: Slave Marriage in the Antebellum South〉, Historian, 62, no. 1, 1999, 99-117, http://onlinelibrary.wiley.com/doi/10.1111/j.1540-6563.1999.tb01436.x/full

메리 울스턴크래프트, 문수현 역, 《여성의 권리 옹호》, 책 세상, 2018

버지니아 울프, 김현수 역, 《자기만의 방》, 디자인이음, 2017

래리 영, 브라이언 알렉산더, 권예리 역, 《끌림의 과학: 사랑, 섹스, 모든 끌림에 대한 과학적 접근》, 케미스토리, 2017

조슈아 자이츠, 《말괄량이: 섹스, 스타일, 연애인, 그리고 미국을 현대화한 여성들의 무모한 이야기Flapper: A Madcap Story of Sex, Style, Celebrity, and the Women Who Made America Modern》, Three Rivers Press, 2006

낭만적 사랑과 결혼이라는 환상에 대하여

왜 나는 너와 헤어지는가

초판 1쇄 발행 2019년 5월 7일
지은이 켈리 마리아 코르더키
옮긴이 손영인

펴낸이 민혜영 ǀ **펴낸곳** 오아시스
주소 서울시 마포구 월드컵북로 42다길 21(상암동) 1층
전화 02-303-5580 ǀ **팩스** 02-2179-8768
홈페이지 www.cassiopeiabook.com ǀ **전자우편** editor@cassiopeiabook.com
출판등록 2012년 12월 27일 제2014-000277호
외주편집 공순례 ǀ **표지 디자인** 별을 잡는 그물

ISBN 979-11-88674-58-9 03330

이 도서의 국립중앙도서관 출판시도서목록(CIP)은 서지정보유통지원시스템 홈페이지(http://seoji.nl.go.kr)와
국가자료공동목록시스템(http://www.nl.go.kr/kolisnet)에서 이용하실 수 있습니다.
CIP제어번호: CIP2019011734